Mario Junkes

Sagen und Legenden aus Luxemburg

Impressum

Mario Junkes
Sagen und Legenden aus Luxemburg

1. Auflage 2024

ein Imprint der Kraterleuchten GmbH,
Gartenstraße 3, 54550 Daun

Verlagsleitung: Sven Nieder

Lektorat: Bruno Hof
Korrektorat: Tim Becker

Titelbild: iStock.com/emicristea
Illustration: iStock.com/VeraPetruk
Gestaltung Umschlag: Björn Pollmeyer
Innensatz: Kerstin Fiebig

Hergestellt in der Europäischen Union, Finidr, CZ

FSC www.fsc.org MIX Papier aus verantwortungsvollen Quellen FSC® C014138

ISBN 978-3-95540-412-3

www.regionalia-verlag.de

Mario Junkes

Sagen & Legenden aus Luxemburg

REGIONALIA
VERLAG

Inhalt

»Bei uns ist das ganz anders.«

Liebe lesende Menschen,

willkommen zu einer weiteren Reise durch die große Welt der Sagen und Legenden. Für Ihren Autor geht ein weiterer, schon lange gehegter Traum in Erfüllung: ein Buch über sein geliebtes Nachbarland schreiben zu dürfen, das in den letzten Jahren zu seinem beliebtesten Ausflugsziel geworden ist. Eigentlich empfindet er Luxemburg längst nicht mehr als ein anderes Land, denn Ihr Autor hält es wie seine beste Französischlehrerin, die – ihrerseits mit einem Deutschen verheiratet – bereits vor mehr als 30 Jahren Fragen nach ihrer Nationalität einfach abwinkte und lapidar meinte:

»Moi, je suis européenne.«

Vom Grenzstein in Schmiede über das Dreiländereck bei Lieler, zu den Entchen, Gänsen und Schwänen in Wasserbillig; von Schengen nach Rodingen, von Bohey nach Ulflingen und zurück in die Stadt – es fühlt sich alles an wie Ost-Belgien und Eifel: Heimat.

Großer Dank gebührt dem Luxemburger Philologen, Gymnasialdirektor und Autor Doktor Nikolaus Gredt, der mit seinem 1883 veröffentlichten Monumentalwerk »Sagenschatz des Luxemburger Landes« einen Standard gesetzt hat, an dem sich alle anderen Bände messen dürfen. In großer Bescheidenheit durfte Ihr Autor den von vielen Sammlern mit großer Sorgfalt zusammengetragenen Sagenreichtum bewundern und hat versucht, in diesem Band ein möglichst ausgewogenes Menü zusammenzustellen, das allen lesenden Menschen hoffentlich viel Freude bereiten wird – denn es werden alle derzeit existierenden Gemeinden Luxemburgs mit mindestens einer Sage bedient.

Schön, dass Sie da sind. Bleiben Sie gesund.

Tréier, Péiteng, Ëlwen, Waasserbëllig und Stad Lëtzebuerg, im Januar 2024

Ihr Mario Junkes

I.
Die Sage der schönen Melusina

Public.lu, das offizielle Portal des Großherzogtums, nennt die Ursprünge Luxemburgs »bescheiden, aber vielversprechend«. Graf Siegfried erhielt 963 von der Trierer Sankt-Maximin-Abtei, im Tausch gegen ein paar Ländereien, ein »castellum« auf einem hauptsächlich von Wäldern umgebenen Felssporn. Unweit der alten Römerstraße zwischen Reims und Trier gelegen und von fruchtbarem Land umgeben, gedieh die kleine Burg bald und entwickelte sich zu einem wirtschaftlichen, politischen und religiösen Zentrum.
Schon im 12. Jahrhundert hatte Luxemburg sich zu einer echten Stadt entwickelt und war ein regionales Zentrum mit Ambitionen, die weit über die umgebenden Anhöhen und Täler hinaus reichten. Es gelang den Grafen von Luxemburg, ihre Besitztümer auszubauen, sei es durch Heirat, Landkauf, Lehnsverhältnisse – und wenn nötig durch Krieg. In der frühen Erfolgsgeschichte gab es allerdings auch Rückschläge, wie bei der Schlacht von Worringen im Jahre 1288, in der Graf Heinrich VI. mitsamt drei Brüdern tödlich verletzt wurde.

~~~

Es ranken sich mehrere Legenden um die Gründung der Stadt. Die bekannteste unter ihnen ist jene der Meerjungfrau Melusina, einer weithin bekannten mythischen Figur: Graf Siegfried soll die Wunderschöne unter einer besonderen Bedingung geheiratet haben.
~~~

Der Burgherr hat keinen Bock auf Bockigkeit – und läuft auf dem Bockfels ins Bockshorn

Die Sage von der schönen Melusina, der Ahnfrau der Luxemburger Grafen

Vor mehr als eintausend Jahren lebte auf Schloss Koerich (lux.: Gréiweschlass) der edle Ritter Graf Siegfried. Eines Tages verirrte er sich auf der Jagd und gelangte gegen Abend in ein tiefes, enges und wild verwachsenes Tal. Es war das Tal der Alzette, und zwar genau an der Stelle, wo sich viel später Luxemburgs Vorstädte malerisch an den Felsen schmiegen würden.

Der Graf sah den Bockfelsen vor sich emporragen und erblickte oben eine alte, verfallene Römerburg. Plötzlich schlugen Töne eines wundervollen Gesangs an des erstaunten Ritters Ohr. Nachdem der Graf wie verzaubert eine Zeit lang dem Gesang gelauscht hatte, eilte er dem Ort zu, von welchem die wundersamen Töne erklangen. Schon bald gewahrte er oben auf den Trümmern der Burg eine Jungfrau sitzen. Ihre Schönheit ließ ihn wie gefesselt stehenbleiben.

Es war Melusina, die Nixe der Alzette. Ohne seinen Blick von ihr wenden zu können, starrte Siegfried auf die wie überirdische Erscheinung. Als die Jungfrau den stattlichen Ritter sah, ließ sie ihren grünen Schleier über das Antlitz fallen und verschwand mit den letzten Strahlen der Abendsonne. Von der Müdigkeit eines langen Tages überwältigt, legte Graf Siegfried sich unter einen Baum und schlief gleich ein.

Am nächsten Morgen weckte ihn der Gesang der Vögel aus einem seligen Traum. Graf Siegfried erhob sich, folgte dem Lauf des Flusses und befand sich bald in der Gegend von Weimerskirch. Diese war ihm gut bekannt und schon bald eilte er seiner Heimat zu.

~~~

Die Erscheinung der schönen Jungfrau und ihr wundervoller Gesang hatten des Grafen Seele mächtig erfasst. Von diesem Tag an zog es ihn regelmäßig in diese Gegend, die er so rasch liebgewonnen hatte, um sich von neuem an dem Gesang und der schönen Gestalt der Jungfrau zu erfreuen.

Eines Tages begegnete er ihr unten im Tal, denn der Besuch des Grafen war ihr angenehm und auch sie hatte den stattlichen Ritter liebgewonnen. Siegfried ging zu ihr
~~~

hin, gestand ihr seine Liebe und bat sie, seine Frau zu werden. Sie willigte ein unter der Bedingung, dass sie den Felsen nicht verlassen müsse und er sie nie an den Samstagen, an denen sie allein zu sein wünsche, sehen wolle. Der Graf war damit zufrieden und gelobte es ihr unter seinem Eid.

Siegfried machte nun mit dem Abt der Sankt-Maximin-Abtei Trier einen Tausch, durch welchen er seine schöne Herrschaft Feulen bei Ettelbrück gegen den kahlen Bockfelsen und die umliegenden Waldungen abtrat.

Aber von nun an war Graf Siegfried lange Jahre von großem Geldmangel geplagt und war oft daran, an der Lage zu verzweifeln. So war es ihm völlig unmöglich, auf dem Bockfelsen ein Schloss zu erbauen und Melusina als seine holde Gemahlin heimzuführen.

In seiner Not nahm er Herrn Urians Hilfe an. Dieser hatte sich erboten, dem Grafen ein prächtiges Schloss zu erbauen und ihn mit Reichtum zu überhäufen – wenn er im Gegenzug nach dreißig Jahren des Satans Eigentum sein wolle. In einer einzigen Nacht vollbrachte der Teufel sein Werk und auf dem Scheitel des Bockfelsens stand eine herrliche Burg, die stolz in das umliegende Tal niederschaute. Siegfried vermählte sich mit der schönen Melusina und verlebte fröhliche Tage und sie schenkte ihm sieben Kinder.

~~~

An den Samstagen jedoch hielt Melusina sich stets den Augen aller verborgen, zog sich in ihre Kammer zurück und schloss sich ein. Lange Jahre schon hatte sie das getan, ohne dass es ihrem Gemahl danach stand, den Grund dafür zu erfahren. Doch seine Freunde, die mit der Zeit Kunde hiervon erhalten hatten und das Ganze sehr merkwürdig fanden, weckten in des Grafen Seele Misstrauen gegen seine eigene Frau: Was sie sich erlaube, was sie an jenem Tage treibe, weshalb sie Geheimnisse vor ihrem eigenen Mann habe.

Nun wollte Siegfried um jeden Preis wissen, warum Melusina sich an diesen Tagen von ihm zurückziehe. Am nächsten Samstag eilte er heimlich zu ihrer Kammer. Ein auffallendes Rauschen und Plätschern tönte ihm aus dem Inneren entgegen. Er spähte zum Schlüsselloch ins Zimmer hinein – und nichts würde so sein wie zuvor:

Siegfried erblickte seine Gattin in einem Wellenbad, wie sie sich das lange, blonde Lockenhaar mit einem goldenen Kamm glättete. Ihr wunderschöner Körper jedoch wurde an den Hüften zu einem ungeheuren und ekelhaft scheußlichen Fischschwanz, mit
~~~

dem sie die Wellen peitschte. Der Graf stieß einen Schrei des Entsetzens aus. Melusina aber versank im selben Augenblick in den Tiefen des Felsens – und war auf immer für Siegfried verloren.

~~~

Man erzählte: Die Amme, welche das jüngste Kind in Pflege hatte, habe manchmal nachts eine weiße Gestalt im Zimmer bemerkt, die gekommen sei, das Kind zu wiegen.

~~~

Melusina erschien von nun an alle sieben Jahre in menschlicher Gestalt auf der Oberwelt über dem Bockfelsen, um die Vorübergehenden zu ihrer Erlösung aufzufordern. Erfolgte diese nicht, so schwebte die weiße Gestalt über die Stadt mit dem Ruf:

»In sieben Jahren nicht mehr!«, und versank wieder in den Felsen.

Der Wachtposten am Bock war deshalb so verrufen, dass es sogar den mutigsten Soldaten bangte, wenn sie dort nachts Wache stehen mussten.

Eines Nachts stand ein beherzter Soldat, der mit einem Kameraden die Postennummer gewechselt hatte, zwischen Mitternacht und zwei Uhr nachts am Bockfelsen Schildwache. Melusina erschien ihm in Gestalt eines schönen Mädchens und bat ihn, sie zu erlösen.

Es sei ein schweres, doch nicht unmögliches Werk. Fürchte er sich aber vor der Ausführung, solle er es nicht unternehmen, da sie sonst dreimal tiefer in die Erde versinke. Während dieser Worte entstand ein so heftiges Gebrause um den Bockfelsen, dass der Soldat meinte, derselbe stürze zusammen. Der Wachposten versprach, Melusinas Begehren zu erfüllen – ganz gleich, was es auch sein möge.

Er müsse, sagte sie nun, an neun aufeinanderfolgenden Tagen, jeden Abend Schlag zwölf Uhr hinter dem Altar in der Dominikanerkirche stehen. Keine Minute zu früh und keine Minute zu spät. Habe er dies neun Male getan, werde sie ihm am zehnten Abend als feurige Schlange mit einem Schlüssel im Mund erscheinen. Diesen müsse er mit seinem Mund aus dem ihrigen nehmen und ihn dann in die Alzette werfen. Dann wäre ihre Erlösung vollbracht und die Römerburg auf dem Bockfelsen stehe wieder da wie zuvor.

Acht Abende lang stand der Soldat Schlag zwölf hinter dem bezeichneten Altar. Doch am neunten Abend verspätete er sich. Auf seinem Rückweg hörte er ein solches

Geheul und Gebrüll am Bockfelsen, dass er fast glaubte, alle wilden Tiere seien in der Luft beieinander. Kein anderer Mensch konnte diesen Lärm hören.

~~~

Man erzählte sich, wenn Luxemburg Unglück und große Gefahr drohten, würde Melusina den Bockfelsen umkreisen und Klagelaute ausstoßen.

~~~

Also ist Melusina bis auf den heutigen Tag noch nicht erlöst. Wird sie mit der Zeit nicht aus ihrem Gefängnis befreit, soll nach alter Überlieferung der Stadt Luxemburg großes Unheil drohen:

Seit über tausend Jahren arbeitet die Verdammte an einem Hemd, zu dem der kahle Felsen des Bocks den Flachs liefert. Alle sieben Jahre – bei ihrem Erscheinen auf dem Felsen – macht die Unglückliche einen Stich am Hemd. Sobald der letzte Stich getan wäre, sei sie erlöst – aber die Trümmer der Stadt würden der treuen Wächterin zum ewigen Grabmal werden.

2.
Sagen und Legenden von Jägern und Wäldern

Der Jäger schießt ein Eigentor

Der verhexte Wasservogel auf dem Fischteich im Geisbusch

Im sogenannten Geisbusch zwischen Alzingen und Itzig befand sich vor vielen Jahren ein großer Fischteich. Dort erschien allabendlich ein unbekannter Vogel, der sich besonders durch seinen abscheulichen, widerlichen Gesang bemerkbar machte. Niemand wagte sich in dessen Nähe, weil er die Fähigkeit besaß, alle ihm zu Gesicht kommenden Geschöpfe zu bezaubern, dieselben dann in den Teich zu führen, wo sie einen gewaltsamen Tod fanden.

~~~

Ein mutiger, berittener Jäger fasste den Entschluss, das Nachtgespenst durch die Kugel aus dem Weg zu räumen. Zu diesem Zweck ritt er eines Abends mit seiner Doppelflinte in den gespenstischen Wald und versuchte, um sicherer sein Ziel zu erreichen, so nahe wie möglich und vom Zaubervogel unbemerkt zum Teich zu gelangen.
Endlich hatte er die geeignete Stelle erreicht und feuerte auf den Vogel. Nach dem Schuss hörte man ein wimmerndes Geschrei, ein dumpfes Rauschen – und Reiter wie Pferd waren auch schon von des Teiches Wasser verschlungen.

~~~

Nach diesem schrecklichen Ereignis gestaltete sich der Teich in ein wildes Moor um, das noch heute bemerkbar ist, jedoch vorsichtig gemieden wird: Dort sollen böse Geister hausen, die auf jedermanns Verderben aus sind.

»Piwitsch! Piwitsch! Piwitsch!«
Der Bitschter Weiher

In dieser, wie auch in allen anderen Sagen, sollte man sich den gesprochenen Text am besten in luxemburgischer Sprache vorstellen. Scheint schwierig? Wer in Westdeutschland wohnt, ist vermutlich sehr viel näher dran als vermutet. Alle Menschen haben eine realistische Chance auf schnellen Erfolg mit folgendem linguistischen Rezept. Man nehme:

- *eine große Portion Mittelfränkisch (gut abgehangen, aus der Trierer oder Bitburger Gegend)*
- *eine gute Handvoll Französisch*
- *eine Prise je-ne-sais-quoi*
- *Man schneide das Ripuarisch vorsichtig aus dem Mittelfränkischen heraus (und hebe es für die Aachener Printen auf), vermische alles gut in einer Schüssel aus Septfontaines, lasse es ein bisschen im Dreiländereck ruhen und serviere es selbstbewusst auf einem Alt-Luxemburger Teller. Schmeckt wie frische Gromperekichelcher, geht fix, gelingt immer – und man kommt gerne wieder zurück.*

Im tiefen, waldigen Tal zwischen Büderscheid und dem Pirmesknapp lag der alte, weit und breit bekannte Bitschter (Büderscheider) Weiher. Dieser Teich, der heute ganz verschwunden ist, hatte einen großen Umfang und erstreckte sich von der Buderscheider Mühle bis an den Pirmesberg. Er füllte, wenn er hoch angeschwollen war, sogar beide Nebentäler. Zwischen dem Teich und der Mühle befand sich ein hoher, breiter Damm, über welchen die jetzige Wiltzer Straße führt.

Heiratslustige Mädchen, die nicht zu dem ihrigen kommen konnten, brauchten sich nur auf den Damm des Bitschter Weihers zu begeben und dort dreimal »Piwitsch!« zu rufen. Piwitsch (dt.: Kiebitz, aber engl.: peewit) nannte man in Besslingen (auch: Niederbesslingen, lat.: Belsonancum) einen Vogel von der Größe einer Elster, der sich in morastigen Gegenden aufhält, wie zum Beispiel zwischen Besslingen und Gouvy (dt.: Geilich).

Das Sprichwort »Geh' auf den Bitschter Weiher!« war jedoch in den umliegenden und entfernteren Ortschaften bekannter als im Ort selbst.

»Du wirst keinen kriegen«, scherzten oft die Mädchen untereinander.

»Oh«, lautete dann die spaßige Antwort, »wenn ich keinen kriegen kann, so gehe ich auf den Bitschter Weiher und rufe: Piwitsch!«

~~~

Am Bitschter Weiher war es außerdem nicht ganz geheuer, denn dort ging allerlei Spuk um. In der Nähe des Teiches, der sonst von wildem Gehölz umgeben war, hauste in alter Zeit eine Hexenzunft. Die Hexen tanzten nächtlich im Mondenschein auf den Bäumen des Waldes, machten dabei Musik und veranstalteten manchmal einen entsetzlichen Lärm.

Auch schwebten sie oft um den Pirmesberg, tanzten in dessen heiliger Waldung mit wildem Getöse und schwebten durch die Lüfte nach allen Seiten hin aus und ein.

~~~

An diesem Teich wohnte die berüchtigte Bitschter Hexe, die sich mit Wahrsagen und Kupplerei abgab. Sie besaß eine Flasche, in welcher sich ein Ei und ein gekreuzigter Christus befanden. Nachts flog sie wie ein Vogel über dem Teich her und stieß dabei einen heiseren, krächzenden Schrei aus.

Junge Burschen wie Mädchen, welche heiraten wollten und nicht recht zu dem ihrigen kommen konnten, suchten sie auf. Mit Hilfe ihrer Flasche sagte sie ihnen dann, welche Person für sie bestimmt sei, wo die ersehnte Person wohne und wie sie sich zu benehmen hätten, um zu ihrem Zwecke zu kommen.

Als man aber am Ende ihr Unwesen entdeckte, wurde die Hexe in den Bitschter Weiher gejagt. Sogleich entstand ein furchtbares Ungewitter, welches den Weiher überflutete und in einen großen Morast verwandelte.

~~~

Noch heute soll es dort nicht heimelig sein. Der Glaube an den Spuk besteht noch immer und die Leute fürchten sich, nachts an der Stelle des alten Weihers vorbeizugehen.

~~~

Neben der Waldkapelle von Helzingen befindet sich ein Brunnen, Fons felix genannt. Jeder Unverheiratete, der am allgemeinen Wallfahrtstag dreimal vom Brunnen trinkt und in einem Atemzug dreimal um die Kapelle läuft, wird noch im selben Jahr verheiratet.

~~~
~~~

In früheren Zeiten geschah es oft, dass Heiratslustige aus diesem Brunnen tranken und den Lauf um die Kapelle auszuführen versuchten.

Wem Letzteres seltsam erscheint, vergesse nicht, dass in ganz Europa noch vor fünfzig Jahren ältere Unverheiratete – Juffer wie Hagestolz – als gesellschaftliche Außenseiter galten.

In der Schlucht gefangen

Der Reiterweg zu Siebenbrunnen bei Luxemburg

An der Landstraße von Siebenbrunnen nach Mühlenbach erstreckte sich auf der linken Seite eine lange, breite Schlucht. Hier wollen abergläubische Leute gegen Mitternacht einen roten Reiter auf feurigem Ross gesehen haben, der unter Flüchen und Verwünschungen immer wieder hin und her ritt. Daher hat der Reiterweg, welcher noch heute manchem verspäteten Wanderer Schrecken einjagt, seinen Namen erhalten.

Per Anhalter durch den Ösling

Die drei Hügel zwischen Fischbach und Heinerscheid

Eine Stunde oberhalb von Clerf liegt an der Landstraße zwischen Fischbach und Heinerscheid eine wellenförmige Erhöhung: »die drei Hügel«. Dort soll es nicht geheuer sein. Vor einiger Zeit kam ein Mann namens Tinnes an der Stelle vorbei. Plötzlich fühlte er eine schwere Last auf den Schultern und konnte nur mühsam keuchend seinen Weg fortsetzen. Dicke Schweißtropfen rollten an ihm herunter. Als er gerade unter der Last zusammenzusinken drohte, war er an einem Kreuz dicht an der Landstraße angelangt. Was auch immer die Last war, sprang ab. Sehen oder hören konnte er niemand. Einem Mann namens Klos aus Heinerscheid soll dort dasselbe widerfahren sein.

Einige Zeit später kamen drei Einwohner aus Heinerscheid an den drei Hügeln vorbei. Plötzlich bemerkten sie dicht neben sich drei Irrlichter, welche am Rand der an die Landstraße grenzenden Felder neben ihnen her huschten und die drei Männer so eine Viertelstunde weit begleiteten – bis zu einem Hause in der Nähe von Heinerscheid. Nachdem die Irrlichter um das Haus herumgezogen waren und sich dann wieder der Straße genähert hatten, verschwanden sie plötzlich auf einem Seitenweg.

~~~

Einst hütete ein Knabe an den drei Hügeln die Kühe. Als es zu dunkeln begann, bemerkte er in einer Entfernung von etwa hundert Metern einen feurigen Mann, der eine feurige Kuh an einem feurigen Strick weidete. Von Angst befallen, trieb der Knabe rasch seine Kühe zusammen und eilte schnurstracks durch Korn- und Kleefelder nach Hause.

~~~

Andere sahen dort ein Fuder Heu geräuschlos über die drei Hügel schweben.

~~~

An dieser Stelle soll außerdem ein großer, schwarzer Hund umgehen, der manche Vorübergehende eine Weile begleitete und dann plötzlich wieder verschwand – so geräuschlos, wie er gekommen war.

~~~

Nach anderen Quellen soll es ein geheimnisvoller, schwarzer Mann gewesen sein, der – ohne ein Wort zu sprechen – an der Seite des Wanderers dahinschritt und dann plötzlich verschwand.

~~~

Nach der Volkssage hat auf den drei Hügeln ein römisches Lager gestanden und außerdem soll dort Geld vergraben liegen.

~~~

Einst wollten zwei Arbeiter das Geld auf den drei Hügeln ausgraben. Nach einer Weile hatten sie bereits tief gegraben, als sie auf eine schwere Kiste stießen.

»Da hab ich sie!«, rief der eine erfreut aus. Bei diesen Worten versank die Kiste vor ihren Augen ebenso tief, wie sie vorher unter der Erdoberfläche gelegen hatte. Die Arbeiter gruben weiter und fanden die Kiste ein zweites Mal.

»Da hab ich sie noch einmal!«, rief derselbe Arbeiter wieder – und zum zweiten Mal versank die Kiste. Danach hatten die beiden vom Graben genug und gingen ihrer Wege.

»Verirrt! Verirrt!«

Der verlorene Jäger zu Niederfeulen

Es ist schon gut zweihundertfünfzig Jahre her, da irrte im Niederfeulener »Buchenknapp« und »auf Kochert« mehrere Jahre lang ein Jäger umher, den man den »verlorenen Jäger« nannte. Er hatte drei Jagdhunde, zwei rote und einen weißen, und jagte nur zur Nachtzeit. Am Tag sah und hörte man nichts von ihm, wohl aber sah man die Hunde umherlaufen. Wenn er jagte, so konnte man deutlich bis ins Dorf hören, wie er die Hunde rief: »Bello! Bello!«

Oft rief er dann auch »Verirrt, verirrt!« und wenn die Leute sich dann aufmachten, um ihn zu suchen, so fanden sie ihn nicht, sondern hörten ihn immer in gleicher Entfernung nach den Hunden oder »Verirrt, verirrt!« rufen.

Reisende, die sich etwas verspätet hatten, trafen ihn des nächtens immer oben am Kreuzweg stehend an. Außerdem kam er oft nachts zu einem Kalkbrenner am Saum des Waldes, legte sich eine Kohle auf die Pfeife und wärmte sich an der Glut des Ofens. Nie sprach er ein Wort – egal, was man ihm sagte. Allerdings tat er auch niemand etwas zuleide. Eines Tages war er mitsamt seinen Hunden spurlos verschwunden.

In Boxhorn jagen

Der wilde Jäger bei Boxhorn

In Beischent, einem Waldteil zwischen Clerf und Boxhorn oberhalb des Jennertals, jagte allnächtlich der wilde Jäger. Ungefähr gegen Mitternacht – so berichteten Personen, die in ihrer Jugend als Pferdehüter dem Spektakel zugehört hatten – nahm die wilde Jagd ihren Anfang. Dann konnte man das Bellen und »Hupsen« zweier Hunde, das Stampfen und Wiehern eines Rosses und den Doppelknall einer Büchse hören. Der wilde Jäger hatte sein Jagdrevier vom Jennertal an bis an die Doberdell – und diese Grenzen überschritt er nie.

~~~

Oft ritt er auch auf weißem Ross zu einem Weiher im Jennertal, dicht an der Straße von Clerf nach Boxhorn. Dann peitschte er mit einer Reitgerte das Wasser, um vielleicht einem verspäteten Wanderer einen Schrecken einzujagen.

~~~

Wer um Mitternacht an Beischent vorüberkam, konnte deutlich das Hundegebell, das Schießen und das Geräusch vernehmen, mit dem der wilde Jäger durch den Wald zog. Wehe dem Wanderer, den er auf seinem Durchzug traf! Dann hetzte er die Hunde auf ihn und jagte ihm eine Kugel durch den Leib.

~~~

Einst fuhr ein Bauer aus Asselborn nachts mit einem von vier Ochsen gezogenen Wagen von Clerf nach Boxhorn herauf. Während er so in Gedanken neben dem Gespann einherging, waren auf einmal – als er in Beischent ankam – seine vier Ochsen zu gleicher Zeit ausgespannt und stoben nach vier verschiedenen Richtungen in den Wald. Der Mann hatte alle Mühe, seine Zugtiere wieder zusammenzubringen und tat daher am nächsten Tag den Ausspruch: »Niemand, der bei Tage durch Beischent herauffahren kann, soll bis zur Nacht warten.«

»Hehe! Hehe!«

Der Langholzjäger bei Monnerich

Im Langholzer Wald zwischen Esch/Alzette und Monnerich hielt sich ein gespenstischer Jäger auf, der wegen verschiedener zu Lebzeiten verübter Frevel die Grabesruhe nicht finden kann. In jeder Fronfastennacht hörte man ihn seinen Hunden rufen und schauerlich schallte sein Ruf »Hehe! Hehe!« durch den Wald.
~~~

Hatte ein Wanderer die Verwegenheit, auf diesen Ruf auch nur ein einziges Wort zu erwidern, so saß der Langholzer Mann ihm plötzlich auf dem Rücken und der unglückliche Wanderer musste ihn bis zum nächsten Haus tragen.

~~~

Mancher Einwohner der benachbarten Dörfer, der sich beim Gläschen verspätet hatte und am Langholzer Wald vorbeikam, musste – weil er nicht still sein konnte – den Waldgeist bis zum nächsten Haus tragen, das auf seinem Heimweg lag.

~~~

So erging es einst einem Knecht, der im Wirtshaus mit seinen Kameraden die Wette eingegangen war, sich in den Langholzer Wald zu begeben, und – falls der Jäger ihm begegnen sollte – denselben gefesselt herbeizuführen hätte. Im Wald angekommen, vernahm er bald den Ruf des Jägers:

»Hehe! Hehe!«

»Hehe! Hehe!«, gab der Prahlhans zurück.

»Hehe! Hehe!«, dröhnte es noch einmal und ein derber Faustschlag traf den Knecht ins Gesicht, sodass er taumelnd zurückfuhr. Im Nu saß ihm der Jäger auf den Schultern und diese Last drückte den Knecht fast zu Boden. Keuchend und halbtot vor Schrecken kam er in Monnerich an, wo der Geist dann endlich absprang. Der Knecht aber blieb sein Leben lang trüb im Geist und krumm im Rücken.

Der Tor des Jahres

Junker Dietz bei Künzig

Der berüchtigte Junker Dietz war, wie sein Name andeutet, nicht verheiratet und wohnte mit seiner ebenfalls unverheirateten Schwester auf dem Niedlinger Hof, den beide zugleich auch verwalteten. Die ganze Gegend ringsum – alle Wälder bis nach Künzig – gehörten ihm. Er war ein leidenschaftlicher Jäger, fragte nicht nach Gott, ging auch nicht in die Kirche, sondern trieb sich sonntags während der Heiligen Messe im Wald auf der Jagd umher. Auch seine Schwester kümmerte sich gar wenig um Gott und

Religion und zeigte sich besonders ihren Dienstboten gegenüber streng und herrisch. Eines Sonntagmorgens, als alle Leute zur Kirche gingen, trat Junker Dietz aus dem Hof heraus, um sich auf die Jagd zu begeben. Die Leute zuckten die Achseln und dachten:

»Wird der wohl eines guten Todes sterben?«

Da erblickte Junker Dietz eine weiße Taube, welche vor ihm hin und her flog. Er legte gleich an und schoss nach ihr. Die Taube flog zur anderen Seite des Schlosses, aber einige Tropfen Blut fielen zur Erde. Junker Dietz eilte ihr nach und verfolgte sie bis zur Junkerwiese, die an drei Stellen von Wald umgeben war. Endlich erreichte er das Tier und nach einem sauber gezielten Schuss fiel die Taube zur Erde – ihm direkt vor die Füße. Sterbend sprach die Taube zu ihrem Verfolger, sie sei beauftragt, ihm sein Los zu verkünden: Wegen seiner Gottlosigkeit und Unmenschlichkeit werde er bald sterben und verurteilt werden – Tag und Nacht, bei Sturm und Wetter – für immer und ewig mit seinem Jagdgefolge im Wald umherzujagen.

Noch am selben Tag starb Junker Dietz eines plötzlichen Todes.

Seitdem konnte man ihn jede Nacht um zwölf Uhr hören – etwa hundert Schritte vom Hof entfernt –, wie er unsichtbar durch die Luft dahinjagte, während zahlreiche Schüsse fielen und Hundegebell und Pferdetrampeln die Erde erschütterten.

Auch im Künziger Wald, nahe der Junkerwiese, konnte man ihn um elf Uhr nachts hören. Ebenso in Mertzig, in Aubange und weithin in der gesamten Gegend.

~~~

Am westlichen Abhang des Titelbergs bei Rollingen (Lamadelaine) hörte man früher nicht selten laute Geräusche, vermischt mit Hundegebell, Hörnerschall, Schüssen und Hussah-Geschrei. Zugleich erhob sich ein so heftiger Wind, dass die Häuser erzitterten und Furcht und Grausen die Gemüter erfüllten.

Das soll Junker Dietz gewesen sein, der so seine Jagdfrevel und Sabbatschändung büßen musste. Viele gegen Ende des 19. Jahrhunderts noch lebende Einwohner von Rollingen wollen ihn gehört haben. Seitdem die Abhänge entwaldet sind und der Berg nach Erz durchwühlt wird, hat man von dem Jäger nichts mehr vernommen.

~~~

Seine Schwester starb kurz danach ebenfalls eines plötzlichen Todes. Seitdem geisterte sie jede Nacht auf dem Hof. Viele Leute von Künzig behaupteten, gesehen zu haben, wie in ihrem alten Schlafgemach sachte ein Schatten die Wände entlangschlich, die rechte Hand über dem Kopf haltend, wie um etwas abzuwehren, oder wie ein Unkundiger unsicher in der Finsternis tastend. Zur selben Zeit hörte man Pferdegetrappel – sogar im Haus selbst! Auch Hundegebell war zu hören und es polterte im Hof, als ob ein großer Tross zur Jagd ausreite. Dies geschah besonders an Sonntagen.

~~~

Auch an den anderen Stellen des Hauses und im Garten konnte man die weiß gekleidete Dame umherschleichen sehen.

Hochzeit in Luft aufgelöst

Die entführte Braut von Sassenheim

Ein Bräutigam aus Sassenheim begab sich mit seiner Braut und einigen Verwandten auf den Weg nach Luxemburg, um dort die Hochzeitskleider einzukaufen. Unterwegs kamen sie in einen Wald, wo die Braut einige Schritte hinter ihren Begleitern zurückblieb. Nun kam eine Kutsche des Weges gefahren, deren Führer die Braut mit schmeichelnden Worten einlud, in die Kutsche zu steigen, er wolle sie bis zum nächsten Dorf mitnehmen. Die Jungfrau nahm das Angebot gerne an. Kaum aber hatte sie in der Kutsche Platz genommen, so wendete diese und fuhr durch die Lüfte davon. Die Braut hat man nie wiedergesehen.

Die Müdigkeit geigte ihnen etwas vor

Der gespenstische Geiger

Nahe der Beforter Heide befindet sich der Gemeindewald von Reisdorf. In früheren Zeiten hörten einsame Wanderer, die um Mitternacht an diesem Wald vorbeikamen, bald süße, lockende, bald wilde Melodien auf einer Violine erklingen. War
~~~

er beherzt und wagte es, in die Finsternis einzudringen und auf die Stelle zuzugehen, woher die Töne kamen, so zogen diese sich gleichsam immer mehr zurück, bis Punkt ein Uhr der Zauber aufhörte und den ermüdeten Wanderer allein in dem sagenhaften Dunkel zurückließ.

»Päng! Sssssss! Päng!«
Die Schießschlangen

Bei Rodingen hielten sich vor vielen Jahrhunderten sogenannte Schießschlangen auf. Viele Rodinger hatten sie gesehen und man sprach davon wie von einer unverrückbaren Tatsache.

Der Ort, an dem sich diese Schlangen aufhielten, lag im Rodinger Wald, unterhalb Fond-de-Gras. An dieser Stelle des Waldes – »in den Krunpren« genannt – entspringen viele reine Quellen. Unter sanftem Geriesel rollen sie ihre Wasser den Berg hinab und führen sie dem Bächlein im Tal zu, das sie alle miteinander aufnimmt und weiterführt.

Die Schießschlangen, welche viel länger waren als andere Schlangen, hielten sich gern an Orten auf, wo sie helles Wasser und kühlen Waldschatten fanden. Sie mussten Wasser haben, um sich von Zeit zu Zeit darin zu baden. Dort wurden sie oft gesehen von denjenigen, die durch den Wald gingen oder darin Holz sammelten: wie die Schlangen sich wuschen und ihre Sprünge machten, sich auf die Bäume schwangen und sich dann herunterließen, um sich wieder hinaufzuschwingen. Was das Wunderbarste aber war:

Die Schießschlangen hatten goldene Kronen auf dem Kopf, was sie besonders schön erscheinen ließ. Auch ihr übriger Körper war mit schönen, buntfarbigen Ringen bedeckt. Dass eine solche Krone nicht aus einem hell schimmernden, farbigen Ring bestand, den sie um den Kopf hatten, geht daraus hervor, dass sie nach der Aussage der damaligen Bewohner diese Krone ablegen konnten – zum Beispiel beim Baden. Sie legten dann die Krone auf einen Stein, um sie nach dem Bad wieder aufzusetzen.

Jedoch konnten sie nicht lange ohne dieselbe sein. Wurde die Krone entwendet, so trauerte die Schlange drei Tage lang, lief wütend umher und am dritten Tag nahm sie sich, wenn sie die Krone nicht wiederfand, das Leben, indem sie den Kopf an einen Stein oder an einen Baum schlug - bis sie leblos niedersank.

~~~

Einmal war es einer Frau gelungen, sich einer dieser Kronen zu bemächtigen. Am dritten Tage fand man die Schlange mit zerschelltem Kopf an dem Stein liegen, auf den sie ihre Krone niedergelegt hatte.

~~~

Auch ohne Flügel konnten diese Tiere in der Luft fliegen, und zwar mit der Schnelligkeit eines abgeschossenen Pfeils. Daher auch wohl der Name »Schießschlange«. Wenn etwas Lebendes vor der Schlange in der Luft daherflog, wie zum Beispiel ein Vogel, so flog er ihr in den Rachen. Durch eine geheimnisvolle, ihr innewohnende Kraft zog die Schlange ihn an.

~~~

Mit den Drachen hatten die Schießschlangen gemein, dass sie lange Feuerstrahlen aus ihrem Rachen vor sich her sandten, wenn sie hoch in den Lüften dahinflogen.

Jägerfranzösisch?

Der Hase auf dem Wittenberg

Ein alter Jäger aus Mensdorf ging einst auf den Wittenberg auf die Jagd. Als er auf dem Berg angekommen war, sah er einen Hasen und drückte gleich los. Der getroffene Hase fiel, sprang aber bald wieder auf und machte weiter Sprünge. Der Jäger schoss ihm eine zweite Ladung in den Leib. Nun wurde das Tier wütend und lief in den Wald, kam jedoch wieder zum Vorschein. Der Jäger gab ihm die dritte Ladung, worauf der Hase brüllend davonlief.
~~~

Cave canem

Der schwarze Hund in der Leesbech

In der Leesbech bei Greisch wohnte vorzeiten in einer jetzt verfallenen Klause ein alter Klausner. Vor seiner Wohnung zeigte sich oft ein großer, schwarzer Hund. Obgleich er dem Klausner nichts zuleide tat, so fürchtete dieser sich dennoch vor dem unheimlichen Tier. So oft ein Bewohner der Umgegend die Leesbech passierte, stand der Hund auf und begleitete ihn bis zum nächsten Dorf.

~~~

Einst kehrte der Greischer Pfarrer Schilz aus Tüntingen – oder vielleicht auch aus Ansemburg – nach Hause zurück. In der Leesbech angekommen, bemerkte er den schwarzen Hund, der quer über dem Weg lag. Der Pfarrer gab ihm einen Fußtritt und sagte:

»Wât leist du Louder dann hei?«

Der Hund sprang auf, streckte sich und folgte dem Pfarrer. Der erhielt nun Schläge über Schläge, bis nahe an die Gemarkung von Greisch. Dort ermannte sich der Geistliche und sagte:

»Elo huost de mer neischt mè ze befiehlen«, worauf der Hund verschwand und nie mehr von einem Menschen gesehen wurde. Der Pfarrer jedoch hatte sich so erschrocken, dass er nach drei Tagen starb.

Ein kleines Tigerchen als Begleitung I

Gespenstische Katze bei Roeser

Zwischen Roeser und Krauthem begleitete eine schwarz gefleckte Katze jeden Abend die Heimkehrenden. Sobald sich die Leute dem Ort Langheck näherten, kam die Katze hinter der Hecke hervor und folgte dem Gehenden dicht auf dem Fuß bis zum Dorf. Dort angelangt, machte sie kehrt und ging ebenso geräuschlos, wie sie gekommen war, an ihren Platz zurück. Jeder Versuch, sie zu fangen, war umsonst.
~~~

Ein kleines Tigerchen als Begleitung II

Die rätselhafte Katze bei Hollenfels

Vor gut zweihundert Jahren gingen Leute von Marienthal nach Hollenfels. Da lief plötzlich eine weiß und schwarz gefleckte Katze vor ihnen her, die sich bald dicht vor ihren Füßen rollte und wälzte, bald ihnen zwischen die Beine sprang. So oft die Leute nach der Katze greifen wollten, um sie zu fangen, war sie plötzlich einige Schritte weit entfernt. Noch ehe die Leute aber nach Hollenfels kamen, verschwand das rätselhafte Tier.

In Hollenfels wollte man ihrer Erzählung keinen Glauben schenken. Ein Mann trat mit ihnen den Weg nach Marienthal an. An derselben Stelle, wo die Katze verschwunden war, erschien sie plötzlich wieder, um ihr voriges Spiel zu wiederholen. Angsterfüllt eilten die Leute so schnell wie möglich nach Marienthal.

Es hieß außerdem, die Leute hätten, so oft sie nach der Katze griffen, auf unerklärliche Weise Schläge erhalten.

Schmitzstier

Weißer Stier geht um

»Bei Schmitzkreiz«, auf dem Weg von Heiderscheid nach Heiderscheidergrund, haben schon manche einen weißen Stier gesehen. Einmal kam in der Nacht ein Mann von Heiderscheid des Weges daher und als er zu genannter Stelle kam, sah er auch den weißen Stier an sich vorbeilaufen und in der Ferne verschwinden. Andere wollen an demselben Ort, mitten im Weg auf einem Felsen, schon öfters einen Sarg gesehen haben.

Schlechter Kompass

Das goldene Kalb im Gâlesloch

Gegenüber dem Wäldchen »Remerich« soll zwischen Beles und Esch in der Niederung »Gâlesloch« – welche vor zweihundert Jahren teils Wiese, teils Ackerland war – ein goldenes Kalb vergraben liegen. Trete man auf die Stelle, an welcher der Kopf ruhe, so gehe man irre, auch wenn man der Gegend noch so kundig sei. Vor Jahren seien in Gâlesloch (auch Heideloch genannt) römische Münzen gefunden worden. Es liegt etwa eine Stunde vom Titelberg entfernt, wo die Römer ein Lager hatten.

~~~

Auch sollen dort drei sonderbare Blumen stehen. Wer eine davon abpflücke, mit dem solle etwas Besonderes geschehen. Was genau sich ereignen wird – das weiß jedoch niemand.

~~~

Nach anderen Quellen soll in Remerich ein gespenstischer Fuchs umgehen.

Missglückte Schatzsuche

Der goldene Bock und die Schätze auf der Meierchen bei Ellingen

»Auf der Meierchen« – in der Nähe der Eisenbahn am Eingang des Waldes und nahe von Ellingen – stand, wie die Sage berichtet, vor langer Zeit eine sehr reiche Heidenstadt. Die Einwohner besaßen einen goldenen Bock, den sie bei der Zerstörung ihrer Stadt in ein unterirdisches Gemach brachten, wo er sich noch heute befindet. Auf dem Berg ist heute noch ein Hügel zu sehen. Solche Hügel waren in der Gegend von alters her zahlreich vorhanden. Es waren, so hieß es, die Ruinen dieser alten Häuser. Die Bewohner der Umgegend haben aber längst alle ausgeräumt.

Eines Tages, als man mit dem Ausräumen beschäftigt war, kamen junge Leute von Remich herauf. Es war nachts gegen zwölf Uhr. Plötzlich sah einer unten ein Feuer. Sie traten näher, und sahen allerhand Schätze: goldene Tische, Leuchter zuhauf. Vor sich sahen sie einen weiten Gang und am Ende desselben zwei schöne, vergoldete Zimmer. Da lag auch der goldene Bock, von der Größe eines gewöhnlichen Bocks – aber aus purem Gold!

Plötzlich gab es einen Knall, als ob die Erde bersten wollte. Die beiden jungen Leute wurden weggeschleudert und als sie aus ihrem Taumel erwachten, war alles verschwunden. Sie hatten nicht den rechten Augenblick getroffen. Wären sie vielleicht früher oder später gekommen, so hätten sie sich die Stelle merken und den Schätzen nachspüren können. So liegen nun der Bock und die Schätze noch immer unter der Erde.

~~~

Nach anderen Quellen soll es ein goldenes Kalb sein.

Wahrsagerin *und* Wünschelrute? Was kann schiefgehen?

Der verwünschte Schatz im »Habicher Wald«

Vor rund zweihundertfünfzig Jahren tauchte in Rambruch plötzlich das Gerücht auf, im »Habicher Wald« sei ein bedeutender Schatz verborgen, den zur Zeit der Französischen Revolution eine reiche Emigrantenfamilie dort verborgen habe. Das ganze Dorf geriet in Bewegung: Alles eilte, mit Gerätschaften versehen, in den bezeichneten Wald.

Da jedoch niemand die genaue Stelle kannte, begaben sich zwei Männer über Roodt und Niederkolpach zu einer alten Wahrsagerin ins nahe Habay-la-Neuve in Belgien. Diese riet ihnen, eine Wünschelrute zu gebrauchen. Es müsse ein zweizinkiges, aus dem Haselstrauch geschnittenes Stück sein, am Sonntag nach dem Neumond, früh vor Sonnenaufgang, mit dem Gesicht nach Morgen oder während der halben Messe hinter dem Rücken geschnitten. Sie müsse ferner durch drei im Namen der Dreieinigkeit geführten Schnitte von der Wurzel losgelöst und mit dem Rutensegen getauft werden. Dieser Rat wurde befolgt.

Der eine der Männer nahm die beiden Enden der Rute, die sogenannten Hörner, in die Hände, sodass diese Fäuste bildeten und die Daumen nach außen zeigten. Das
~~~

Innere der Hand war nach oben und die Rute der Brust zu gerichtet. So durchsuchte er den Wald. Plötzlich bog sich die Rute zur Erde nieder und schlug dreimal an.

Um Mitternacht begaben sich nun fast alle Dorfbewohner in den Busch und gruben an der durch die Rute bezeichneten Stelle. Schon war ein hoher Erdhaufen aufgeworfen, als der Deckel einer schweren Eisenkiste zum Vorschein kam. Als man sie aber aus der Grube ziehen wollte, begann die Erde plötzlich zu beben. Die Bäume ächzten und stöhnten, in den Blättern rauschte es geheimnisvoll und schwarze Gestalten umflogen die Schatzgräber. Alle suchten so schnell als möglich aus dem Bereich des unheimlichen Ortes zu kommen und ruhten nicht eher, als bis sie zu Hause waren.

Einige beherzte Männer kehrten am folgenden Tag zurück, fanden jedoch jede Spur ihrer Arbeit verwischt und ihre Gerätschaften im Wald zerstreut. Sie wiederholten den Versuch, jedoch ohne Erfolg. Beim dritten Mal mussten sie wieder flüchten und, zu Hause angekommen, fanden die beiden Männer, welche sich bei der Hexe Rat geholt hatten, ihre früher gesunden Kinder schwer krank.

Seither unterblieben alle Versuche, den Schatz zu heben – und nur mit Grauen wagte man sich in diesen geheimnisvollen Wald.

Nah und doch so fern

Der Schatz unter der Haselstaude zu Gilsdorf

In der Gilsdorfer Gemarkung »Häschelt« stand einst eine Haselstaude, an der eine Mistel emporragte. Unter dieser Staude lag sieben Klafter* tief im Boden ein Schatz verborgen. Sieben Jahre lang stieg er jährlich um ein Klafter höher zur Erde empor, wo er dann in einer Mitternacht des siebten Jahres brannte – um bald darauf wieder sieben Klafter tief in die Erde zu versinken. Wer in dieser Nacht das Glück hatte, den Schatz brennen zu sehen, konnte ihn heben und heimtragen. Es durfte aber kein Wörtchen dabei gesprochen werden.

Einst gelang es zwei Männern aus Gilsdorf, den rechten Augenblick zu treffen. Freudig hoben sie im tiefsten Schweigen die mit Gold gefüllte Kiste empor und wollten sie eiligst nach Hause zu tragen. Doch plötzlich flog eine Hornisse über der Kiste hin und her.

»Was zum Teufel!«, rief einer der Träger. «Die Hornisse will uns stechen!«

Und sogleich entfiel der Schatz ihren Händen und sank wieder sieben Klafter tief in den Schoß der Erde zurück.

**Klafter (Längenmaß): ungefähr 1,80 Meter.*

Unfassbar: Segnen hilft nichts.

Der geraubte Schatten

Auf der Höhe von Eischen befindet sich eine weite, ebene Strecke, »plâkeg Lé« genannt. Ein gewaltiger, alter Baum stand damals dort. Bei diesem soll es nicht geheuer gewesen sein. Vor langer Zeit hielt sich hier außerdem eine Räuberbande auf, welche die ganze Gegend unsicher machte.

Eines Abends kam ein Viehhändler, der am Tag eine Koppel Zugochsen verkauft hatte, an dieser Stelle vorbei. Auf einmal hörte er ein Geräusch. Er schaute sich um und ein Räuber trat ihm in den Weg, setzte ihm den Dolch auf die Brust und forderte Geld oder Blut.

Als der Mann sich zur Wehr setzte, stach der Räuber ihn nieder, beraubte ihn des Geldes und kehrte zu seinen Genossen zurück, denen er von der Tat erzählte. Dann machte er sich mit einigen auf, um den Leichnam zu verscharren. Wie sie aber an die Stelle kamen, sahen sie den Teufel, der sie drohend anschrie:

»Jetzt an den Baum stellen! Der Letzte, der an mir vorbeikommt, soll mein sein.«

Derjenige, der den Totschlag begangen hatte, stellte sich als letzter auf. Als er am Teufel vorbeikam und dieser schon nach ihm greifen wollte, zeigte er hinter sich auf seinen Schatten und sagte rasch:

»Da kommt der Letzte!«

Der Teufel ging ihm auf den Leim, sprang auf den Schatten zu – und der Räuber war glücklich entkommen. Als er aber bei seinen Genossen ankam, bemerkten diese zu ihrem grenzenlosen Schrecken, dass der Mörder keinen Schatten mehr hatte. Eine Woche nachher war der Schattenlose tot.

~~~

Von dieser Zeit an sollen viele Leute dem Schatten des Räubers abends beim Mondschein begegnet sein. Schon allerlei Mittel hat man angewandt, den gespenstischen Schatten zu entfernen. Auch habe man den Ort segnen lassen – aber bis jetzt habe noch nichts geholfen.

Ein Reißer

Der Jäger Schmeißer

In Kopstal wohnten vor langer Zeit zwei alte Jäger: Schmeißer und Arendts. Einst wurde gewettet, wer von beiden wohl den ersten Hasen schießen werde. Heimlich aber hatte man dem Schmeißer das Schrot aus der Flinte gezogen. Schon bald scheuchten sie einen Hasen auf. Schmeißer schoss und – der Hase fiel tot nieder.

~~~

Einst war zu Metz ein Scheibenschießen um ein Joch Ochsen. Schmeißer hörte davon und begab sich auf den Weg nach Metz. In Luxemburg kaufte er sich Stricke, um die Ochsen daran heimzuführen. In Metz angekommen, wurde er von jedermann verspottet. Teils weil er schlecht gekleidet war, teils weil bereits das Zentrum getroffen sei.

»Ist der Nagel noch darin?«, fragte Schmeißer.

Als man dies bejahte, schoss er flink drauflos. Die Scheibe fiel herab und er hatte die Ochsen gewonnen.

~~~

Auf der »spitzen Lay« am Eingang des Steinseler Waldes – im Ort genannt Wudderthal – lebte ein Dachs. Schmeißer und Arendts begaben sich hin, um ihn zu erlegen. Beide kletterten auf einen Baum. Auf einmal entstand ein furchtbares Geräusch, das die Luft erschütterte. Es blitzte und donnerte. Entsetzt machte sich Arendts aus dem Staub, aber Schmeißer blieb zurück – und morgens hing der Dachs an Arendts' Fenster.
~~~

Schmeißer war außerdem Jäger bei der Herrschaft zu Hollenfels. Einst fand ihn der Herr im Wald schlafen. Er griff Schmeißers Gewehr, um es zu probieren, legte es an – aber was geschah? Im selben Augenblick hatte der Herr einen stattlichen Hirsch vor der Flinte. Er warf das Gewehr hin und eilte nach Hause. Noch am selben Abend entließ er seinen Jäger, indem er sagte, er habe von des Teufels Wild lang genug gegessen. Schmeißer entgegnete:

»Verflucht sei die Minute, da Ihr mein Gewehr ausprobieren wolltet.«

Nach anderen Quellen soll dies nicht Schmeißer, sondern ein aus der Kopstaler Mühle stammender Jäger gewesen sein, der alles schoss, was ihm vor die Flinte kam.

~~~

Schmeißer bannte einst eine Frau, die sonntags während der Messe in den Gärten Gemüse stahl, so lange fest, bis die Leute aus der Kirche kamen – und jeder sie sehen konnte. Erst eine Stunde später hieß er sie nach Hause gehen.

Jäger Großkotz

Der Geist auf der Burg zu Esch an der Sauer

Ein Burgherr aus Esch hatte einen alten Jäger, der alles schoss, was er wollte und den Tisch seines Herrn reichlich mit Wildbret versah. Einst plauderte der Jäger mit seinem Herrn im Schlosshof. Da sagte der Herr:

»Sieh', drüben im Großenbüsch spielt ein Hase auf einem Felsen.«

»Den will ich hinterrücks schießen«, sprach der Jäger, drehte dem Wald den Rücken zu, legte die Flinte über die Schulter und schoss den Hasen nieder.

»Wenn du ein Hexenmeister bist«, sagte der Schlossherr, »so will ich dich nicht mehr in meinem Dienst haben. Hinfort mit dir!«

Mit Groll im Herzen entfernte sich der Jäger und rief im Gehen:

»Das wird dich reuen!«
~~~

Von diesem Tag an erschien allabendlich ein Geist in der Escher Burg. Dieser machte ein furchtbares Geräusch in allen Räumen. Das hatte schon eine geraume Zeit gedauert, als der Schlossherr von einem alten Geistlichen erfuhr, dass, um den Geist loszuwerden, man dessen Schatten verwunden müsse. In Begleitung seiner Diener stellte er daher in einer mondhellen Nacht einen Eimer Wasser in den Saal, in welchem der Geist jeden Abend sein Unwesen trieb. Mit Speeren bewaffnet umstanden sie den Eimer. Als sie nun den Schatten des Gespenstes im Wasser sahen, stachen sie zu. Man sah vom Schatten sofort einige Tropfen Blut fallen – und die Hexerei war gebrochen.

»Einmal das Fohlen-Menü, bitte!«

Der Werwolf von Vianden

Ein Mann aus der Kerzenbach erzählte, er sei im Sommer mit einem Nachbar von Vianden nach Luxemburg und zurück gereist. Als sie auf der Rückreise bei Lintgen im Königsbrill angekommen waren, sagte der Mann, er möchte gerne etwas ausruhen. Sein Begleiter war einverstanden, doch gerade als der Mann ein wenig eingeschlummert war, weckte ihn ein heftiger Schrei.

Sein Kamerad war fort. Der Mann aber sah sofort, dass ein Wolf in der Wiese ein junges Pferd gerissen hatte und nun damit beschäftigt war, es aufzufressen. Aber erst dann lähmte ein Schrecken seine Glieder: Der Wolf schüttelte sich und wurde zu einem Menschen. Es war sein Kamerad.

Der Mann blieb ruhig liegen und tat, als schlafe er. Dann kam sein Kamerad und schüttelte ihn, er solle aufstehen, sie hätten schon lange genug gelegen. Der Mann stand auf und ließ sich nichts anmerken. Als beide nach Colmar kamen, sagte der Mann, er wolle etwas essen. Der andere aber gab zurück:

»Ach, wir sind so nahe bei Diekirch, lass uns dahin gehen.«

»Ja, wenn ich ein Füllen im Leib hätte wie du, dann könnte ich auch noch warten.«

»Das hättest du mir eher sagen sollen«, zischte der Werwolf zurück, entfernte sich schnell und wurde von da an nicht mehr gesehen.

Das Plätschmännchen

Wilder Jäger zu Nommern

In »Lämspesch« nahe Nommern hörte man vor vielen Jahren sonntags einen Jäger »Bello hei!« oder »Puh Bello!« rufen. Zugleich fielen Schüsse. Auch unten im Dorf hörte man ihn in der »Bâch« von Majerus an bis in die »Müllenbâch« auf und ab gehen, sowie dabei im Wasser plätschern – und deshalb nannte man ihn Plätschmännchen. Auch im »Schetchen« hörte man des Jägers Rufen und Schießen.

»Hast du geholfen jagen, sollst du auch helfen knagen.«

Der wilde Jäger zu Waldbillig

Vor vielen Jahren jagte auf dem Waldbilliger Bann jede Nacht der wilde Jäger mit seinen Hunden. Er war stets unsichtbar, mochte er auch in nächster Nähe der Menschen jagen; man hörte dann nur den fortwährenden Ruf:

»Bello, hei! Bello, hei! Puf!«

Ein gewisser Herr Niesen, so erzählte dessen Enkel Heinrich, habe mit seinem Knecht nachts die Pferde »a Wässeler« gehütet, als sie die Rufe des ewigen Jägers vernahmen. Der Knecht wiederholte den Ruf, worauf ein grün gekleideter Jäger zu ihm trat, ihm auf die Schulter klopfte und sagte:

»Hast's gut gemacht, du sollst die Hälfte der erjagten Beute erhalten.«

Damit sei der Jäger verschwunden. Die Hüter der Pferde aber streckten sich auf ihr Lager und schliefen ein. Bei ihrem Erwachen fanden sie neben sich ein erjagtes Tier liegen, dessen Namen und Art niemand kannte.

~~~

In Waldbillig wurden dem wilden Jäger verschiedene Namen beigelegt, je nach der Flur, auf der er jagte: Heringer-Männchen (Flur Heringen), Laar-Männchen (Flur Laar), Urbichts-Männchen (Flur Urbicht), Vierhaber-Männchen (Flur Vierhaber).
~~~

Wer trifft, hat Recht

Die Sage von den grünen Jägern zu Burscheid und Brandenburg

Der Ritter von Burscheid hatte zwei Jäger. Man nannte sie »grüne Jäger« oder »Jokoppen«, welche so geschickt im Schießen gewesen sein sollen, dass sie alles trafen, worauf sie nur zielten. Sagte die Herrschaft zum Beispiel:

»Herr Jäger, dieses und jenes Wildbret möchten wir haben«, so brachten es die Jäger nur kurze Zeit später – wie bestellt. Sie brauchten nämlich nur in ein beliebiges Feld zu schießen, dann fiel, was immer sie nur wollten, gleich ob es da war oder nicht.

~~~

So erzählte man auch, dass ein Jokop vom Burscheider Schloss aus geschossen habe und im Dorf Scheidel fiel der Hase, auf welchen er gezielt hatte.

~~~

Auf einem Baum bei Michelau saß ein Rabe. Als man nun einen Jokop fragte, ob er jenen Vogel vom Schloss aus treffen würde, sagte er:

»Oh, der Teufel wird ihn nehmen«, legte an und drückte ab. Der Schuss löste sich nicht – aber der Rabe fiel trotzdem.

~~~

Einmal soll ein Jokop ein Kalb in Diekirch totgeschossen haben – vom Burscheider Schloss aus. Außerdem soll er von derselben Stelle aus jemandem in Echternach zur Wette ein Fünffrankenstück zwischen Mittel- und Zeigefinger herausgeschossen haben.

~~~

Einst standen die Jokoppen des Ritters von Burscheid auf dem Schloss und drunten im Michelauer Tal die Jokoppen des Ritters von Brandenburg. So oft die Jäger von Burscheid schossen, fingen die Brandenburger alle Kugeln in ihren Flintenläufen auf und bliesen sie wieder in die Läufe der Burscheider und diese dann wiederum in jene der Brandenburger. Dieses Spiel währte lange Zeit – und niemand weiß, wie es ausgegangen ist.

Lieber nicht Dreistempeln gehen

Der Pôlerjäger

Auf »Pôler« bei Munshausen erschien der sogenannte »Pôlerjäger«, der jeden Abend gegen neun Uhr sein Unwesen trieb. Man hörte dann das Rufen des Jägers »Puhei! Puhei!«, hörte auch das Bellen der Hunde sowie Schüsse und das Rascheln des Laubes. Dieses Lärmen sei immer von demselben Punkt ausgegangen – in ganz bestimmter Entfernung einer riesigen, alten Eiche. Es habe den Wald seiner Länge nach durchzogen und sei dann am anderen Ende, beim sogenannten »Birgersteg« verhallt – dort, wo der Weg von Munshausen nach Clerf über den Bach führt. Jedoch habe nie jemand etwas gesehen, auch wenn man in nächster Nähe des Geschehens gewesen war.

~~~

Einst brachte ein vierzehnjähriger Knabe gegen Abend einen Sack Korn auf einem Pferd nach Mecher in die Mühle. Als er in den Wald an die Stelle kam, wo der Weg von Munshausen nach Mecher mit dem Weg von Clerf über den Bergrücken nach Pôler kreuzt, fiel ihm der Sack vom Pferd.

In großer Verlegenheit, wie er den Sack wieder aufs Pferd bekommen sollte, sah er einen riesigen Mann bei einem ebenso riesigen Baum stehen, den man den »Dreistempler« nannte. Er bat den Mann, ihm den Sack wieder aufs Pferd zu heben. Sogleich erfasste der Mann den Sack mit einer Hand und legte ihn aufs Pferd.

Der Knabe zog weiter und wunderte sich im Nachhinein, dass die Finger des Mannes so dick wie sein Arm gewesen waren. Er hielt den Mann für den Pôlerjäger und es befiel ihn eine Angst, dass er die Nacht in Mecher blieb und am nächsten Tag auf einem weiten Umweg nach Hause zurückkehrte. Von dieser Zeit an machten die Leute lieber einen Umweg von einer Stunde, als gegen Abend am Dreistempler vorbeizugehen.
~~~

3.
Sagen und Legenden von Hexen und Zauberern

Hanniballaballerina

Das Felsefrächen bei Grevenmacher

In den hohen Felsen, die zwischen Machtum und Grevenmacher die Weinberge begrenzen, hielt sich vor mehr als dreihundert Jahren eine Frau auf. (Nach einigen Quellen waren es sogar drei Frauen.) Sie war unter dem Namen »Felsefrächen« bekannt. Während der Nacht hielt sie sich meistens auf den Bergen auf. Bei Tag sah man sie selten und dann nur zur Essenszeit. Dann kam sie, jedoch ohne zu sprechen, zu den Arbeitern und Winzern.

In den Felsen befinden sich in geringer Entfernung voneinander zwei Spalten, von denen die eine so groß ist, dass man fast aufrecht in den Fels hineingehen kann. Dort soll das Frächen immer zur einen hinein- und zur anderen herausgegangen sein, ohne dass jemand es wagte, ihr zu folgen und nach ihrer unterirdischen Wohnung zu forschen.

Ihr Hauptgeschäft soll das Spinnen gewesen sein. Die einzigen Laute, die man von ihr hörte, waren allnächtlich um die Geisterstunde ein lautes Singen und gelegentliches Schreien, wie bei einem seltsamen Tanz. Sie bereitete allerlei wohltuende Tränke für krankes Vieh und war von den Bewohnern der umliegenden Ortschaften mehr geliebt als gefürchtet.

~~~

Eines Tages schickte eine Frau ihren Sohn zum Felsefrächen, um einen Trank für ihre kranke Kuh zu erbitten. Diese lockte den Knaben, der ihr sehr gefiel, in ihre unterirdische Wohnung und ließ ihn nicht mehr von sich. Dem Knaben aber wollte es dort nicht gefallen. Zweimal versuchte er, während ihrer Abwesenheit zu entkommen. Es war jedoch vergebens. Bei einem dritten Fluchtversuch geriet die Frau in Zorn, überfiel den Knaben und riss ihn in zwei Stücke – wovon sie das eine in die Mosel warf, das andere aber selbst verzehrte.

Als diese Tat bekannt wurde, fing man das Felsefrächen ein und verbrannte es auf einem Scheiterhaufen.

~~~

Nach dieser Zeit soll das Felsefrächen noch oft gesehen worden sein, besonders von Frauen, die am Morgen früh zur Mosel gingen, um ihre Wäsche zu waschen.

Endstation Sumpf

Das Böschgretchen bei Ellingen

In der alten Zeit, als es noch Geister gab, lebte in Hesslingen das Böschgretchen. Ihr Zuhause war nahe der Wolfsmühle, am »Wölfragrond« (Wildfrauengrund). Das Böschgretchen war eine Frau, außergewöhnlich groß und schön, welche in diesen Sumpf verwünscht worden war. Die Leute gingen nicht gerne an dieser Stelle vorbei, obwohl noch niemandem ein Leid geschehen war.

Einmal kam der alte Burgklees, wie ihn die Leute nannten, den Weg von Remich herauf. Der beherzte Mann ging an der Stelle vorbei – aber kaum war er in die Nähe des Sumpfes gekommen, wurde es ihm doch unheimlich.

»Nun«, so sagte er bei sich, »du gehst voran, selbst wenn es auch der leibhaftige Teufel sein sollte.«

Kaum hatte er den Sumpf betreten, hörte er hinter sich rufen:

»Klees, Klees! Wart', wart'!«

Er schaute sich um und sah plötzlich das Böschgretchen vor sich stehen. Nun war aller Mut weg. Er wollte laufen, aber der Boden sank unter ihm ein. Zum Glück war Klees noch nicht weit im Sumpf drin. Er sprang auf die Seite und rettete sich. Atemlos und bleich wie ein Tuch kam er zuhause an und an der Haustür fiel er ohnmächtig zu Boden.

~~~

Ihr Geist ging noch lange Jahre um und viele haben sie gesehen. Einmal hielt der Hirt mit der Herde bei Hesslingen. Der Hund war wie rasend. Bis zum Wald und wieder zurück lief er, immer wieder – und schrie derart schrecklich, dass noch weitere Leute herbeieilten. Sie folgten dem Hund und fanden in dem Wölfragrond das Böschgretchen tot daliegen, bis an die Knie im Schlamm versunken. Die Leute zogen die Leiche heraus, brachten sie nach Ellingen und begruben sie vorne auf dem Kirchhof. Später wurde dort eine Mauer gebaut und deshalb befindet sich das Grab in den Fundamenten der Mauer.

~~~

Alle sieben Jahre machte die Tote nachts wieder ihren Gang zum Sterbeplatz. Viele alte Leute hatten sie in stürmischen Nächten oft jammern gehört.

»Friss Silber, Alte!«

Die wilde Frau in der Wôbâch

Im Tal der Wôbâch – offenbar ein kleines Bächlein, das sich seinerzeit in die Eisch ergoss – lebte vor vielen Jahrhunderten eine wilde Frau in einer Höhle. Deshalb wird der Ort zwischen Simmern und dem Heckenhof (lux.: Heckenhaff) »Wölfragrond« genannt.

Diese Frau war vollständig mit Haaren bedeckt, vom Kopf bis zum Fuß. Während des Tages hielt sie sich in ihrer Höhle verborgen. Kaum aber war die Nacht hereingebrochen, so verließ sie die Höhle, ging die Eisch entlang. Was auch immer ihr in die Quere kam – ganz gleich, ob Mensch oder Tier – erwürgte sie. Deshalb wagte sich niemand während der Nacht an diesen Ort.

Einem Ritter aus dem Simmern-Schloss gelang es, die Gegend von dem Ungeheuer zu befreien. Dieser Ritter – mochte er nun der wilden Frau aufgelauert oder sie unverhofft angetroffen haben – habe schnell das silberne Kreuz von seinem Rosenkranz gerissen, es zu einer Kugel zusammengedrückt, damit seine Büchse geladen und mit der so gebildeten Kugel die wilde Frau erschossen.

Zu höllisch für den Teufel

Die wilde Frau zu La Sauvage

Vor Errichtung des Hüttenwerks La Sauvage (auch: Lasauvage) im frühen 17. Jahrhundert war dieses romantische Tal unbewohnt und führte den Namen Val de la sauvage femme. Diesen Namen hatte es erhalten wegen der wilden Frau, die ihre Wohnung in einer der Höhlungen des Felsens La Cronnière hatte.

Nach der Überlieferung nährte sich die wilde Frau hauptsächlich von rohem Fleisch. Sie hatte dichtes Haar, das sie umhüllte, ihr bis zu den Füßen herabhing und ihr als Kleidung diente. Ihre rot umrandeten Augen schienen glühende Kohlen zu sein. Aus ihrem über die Maßen breiten Munde ragten doppelte Zahnreihen hervor. Ihre Stimme klang wie unheimliches Eulengeschrei und ihre Finger waren mit scharfen Krallen bewaffnet, womit sie das erjagte Wild oder die auf den Feldern erbeuteten Schafe zerriss.

Nachdem die wilde Frau gestorben war, soll sie in der Hölle keine Aufnahme gefunden haben, da man sie für das Weibchen eines wilden Tieres hielt. So musste sie wieder zur Erde heraufsteigen – zum Entsetzen der ganzen Umgegend, die sie nächtlich als schreckliches Gespenst durchstreifte.

Eines Tages schließlich bannte ein frommer Einsiedler aus einem nahegelegenen Wald den Geist der wilden Frau jenseits des Meeres. Er tat es unter Anrufung des Heiligen Donatus und »Unserer Lieben Frau zu Luxemburg«, deren heilige Bilder zum Andenken an die wunderbare Befreiung in dem Felsen La Cronnière aufgestellt wurden.

Sie wollte Single bleiben – und zahlte mit ihrem Leben

Die Birkenjungfer oder das Birkefrächen

Vor vielen Jahrhunderten erschien einem Mann aus Mutfort in der Birk sehr oft ein weißgekleidetes Fräulein. Sie breitete einen weißen Teppich vor ihm aus, auf welchem dann plötzlich ein Ziegenböcklein stand. Dies Fräulein war die Birkenjungfer, welche ihren Aufenthaltsort in dem sogenannten Birkenmoor hatte.

Herr Nikolaus Tilges aus Mutfort kehrte einst in später Nacht aus Oetringen zurück. Dabei begegnete er auf dem zwischen Oetringen und der Birk gelegenen Kurzenberg einer schlanken Jungfer mit schneeweißem Rock und blutroter Schürze. Sie hatte die Arme bis an den Ellbogen entblößt und trug eine weiße Rute unter dem Arm. Er grüßte höflich, sie aber ging stumm vorüber, ohne seinen Gruß zu erwidern. Tilges wandte sich um – doch sie war bereits verschwunden. Daran erkannte er, dass es die Birkenjungfer gewesen sei.

~~~

Ein Knecht der Mühlbacher Mühle fuhr einst – es wurde bereits dunkel – mit einem Karren von Oetringen nach Hause zurück. Am Birkengraben angekommen, sah er eine
~~~

weiße Frauengestalt ihm entgegenkommen. Es war an der Stelle, wo ein kleiner Wasserlauf, vom Birkenmoore ausgehend, die von Mutfort nach Oetringen führende Straße durchschnitt.

Anstatt eines Hauptes trug diese Gestalt einen Dornbusch auf den Schultern und wurde von einem kleinen, niedlichen Hündchen begleitet.

‹Das ist die Birkenjungfer!›, durchfuhr es den Knecht und er ließ – von jähem Schrecken ergriffen – Pferd und Karren im Stich. Er lief in einem Zug bis nach Mutfort, erreichte das in der Nähe gelegene Schmatzhaus – und fiel in Ohnmacht.

~~~

An derselben Stelle gewahrten zahlreiche andere Leute bei einbrechender Nacht eine Frauengestalt, die mit weißem Rock und weißer Haube angetan war. Kaum aber hatten sich die Vorübergehenden von ihrem ersten Schrecken erholt, da stieß das Gespenst einen hellen Schrei aus, erhob sich schwebend in die Höhe und verschwand in Richtung Birkenmoor. Darauf entstand im Wald ein so grauenhaftes Getöse, als flögen alle Bäume und Hecken fort, als wäre es der größte Sturmwind der Welt.

~~~

Auch Herr Dominik Kemp aus Mutfort kam eines Abends mit einem schweren Mehlsack beladen von Oetringen zurück. Plötzlich erblickte er am Birkengraben eine schwankende, verschwommene Frauengestalt, die ganz in Weiß gekleidet war und zwei Kerzen in den Händen hielt. Sie begleitete ihn, bald schwebend, bald gehend, unter grauenhaftem Getöse in der Luft und im Wald, bis in die Nähe von Mutfort. Das war, so meinten die Leute am nächsten Morgen, wieder niemand anderes als die Birkenjungfer.

~~~

Diese Birkenjungfer, so erzählte man sich, war die einzige Tochter eines reichen Grafen, dessen Burg einst südlich von Oetringen in der Nähe der sogenannten Schlosswiese gestanden hatte. Sie wollte Jungfrau bleiben, aber ihr Vater hatte sie dem Sohn eines mächtigen Grafen zur Ehe versprochen. Weil die junge Frau sich jedoch nicht gegen ihren Willen und wie ein Stück Vieh behandeln ließ, wollte man es mit Gewalt versuchen.

Doch am Morgen des Hochzeitstags war die Jungfer verschwunden. Sie hatte sich in der Nacht in den nahe gelegenen Schlosswald, den man heute »Birk« zu nennen
~~~

pflegt, geflüchtet und hielt sich dort im Gebüsch versteckt. Der Vater zürnte ihr, als sei ihm ein gutes Geschäft entgangen und sandte sogleich all seine Diener aus, um in der ganzen Gegend Nachforschungen anzustellen.

Und tatsächlich: Es gelang ihnen bald, das Versteck der Jungfer zu entdecken und sie aufzuscheuchen. Wie ein gehetztes Reh floh das edle Fräulein vor ihren Verfolgern her und verschwand plötzlich mit einem herzzerreißenden Schrei in der Tiefe des Birkenmoors. In ihrer Not hatte sie offenbar darüber flüchten wollen – und war versunken.

Seither irrte in gewissen Nächten, jedoch jedes Mal vor Mitternacht, eine Frauengestalt in blendend-weißen Gewändern – mit zwei brennenden Kerzen oder Fackeln in den Händen – klagend und jammernd am Rand des Birkenmoores umher. Dabei sauste es unheimlich in der Luft und ein entsetzliches Krachen und Toben ließ sich im Wald drum herum vernehmen.

Wollte sich ihr jemand in diesem Augenblick nähern, so verschwand die Jungfer plötzlich mit einem gellenden Schrei in die Tiefe des Moors. Man berichtete, wer es dann noch wagen sollte, an den Rand des Moores zu treten und ihr nachzublicken, würde – wie von zwei Armen gefasst – hinunter in die Tiefe gerissen.

~~~

In der Lohkaul, einer zwischen Syr und Birk gelegenen Wiese, erschien nächtlich ein reiterloser Schimmel mit einem hell blinkenden Sattel. An der Stelle, wo der Birkengraben in die Wiesen und Felder mündet, sprengte er aus der Birk hervor und eilte in mächtigen Sätzen bis an das Ufer der Syr, wo er dann still zu grasen begann. Ging dann ein verspäteter Wanderer vorbei, so näherte sich der Schimmel ihm wie zahm und schien ihn schmeichelnd zum Aufsteigen einzuladen. Aber wehe dem, der es wagte, das geisterhafte Ross zu besteigen:

Es würde den Verwegenen blitzschnell bis an das Birkenmoor oder bis an den Pleitringer Weiher tragen und mit ihm in die Fluten tauchen – denn dieser Schimmel sei niemand anders als die Birkenjungfer, die hier in Gestalt eines Schimmels umgehe.

~~~

Einst schritt ein Mann – wegen wichtiger Geschäfte auf Reisen – auf einem Pfad am linken Ufer der Syr entlang an der Lohkaul vorbei. Es war bereits dunkel, denn er hatte sich verspätet und war außerdem sehr müde von der langen Reise.

Da sprengte plötzlich ein prächtiger Schimmel an ihn heran. Das Pferd trug einen prachtvollen, hell durch das Dunkel blinkenden Sattel und stellte sich schmeichelnd neben den Mann, als wolle es ihm die Bügel zum Aufsteigen bieten. Nirgends ließ sich ein Reiter sehen, dem das Ross wohl gehören konnte.

»Ei«, rief der müde Wanderer, den Schimmel streichelnd, »du kommst mir gerade zur rechten Zeit!«

Damit schwang er sich in den Sattel. Doch siehe da: Blitzschnell setzte der Schimmel über die Syr. Mit der Schnelligkeit des Winds trug er den Reiter durch Hecken und Gesträuch bis an den Pleitringer Weiher – wo der Schimmel ihn höchst unsanft in die Fluten warf.

»Fang' mich doch!«

Das Platschmrechen in dem Mühlbach

Im zwischen Mutfort und Contern gelegenen Mühlbachtälchen ließ sich zuweilen nachts – manchmal an der Syr, manchmal am Mühlbach, ein Klatschen vernehmen, ganz wie das eines Bleuels. Es sei das Platschmrechen (Platschmariechen), eine geisterhafte Wäscherin, von der man sich behutsam fernhalten solle.

Wollte man sich ihr nähern, um sie zu beobachten, so war sie plötzlich verschwunden. Auch schien sie manchmal Neugierige zu necken. Saß sie an der Syr und man wollte in ihre Nähe schleichen, so ließ sich plötzlich das Klatschen am Mühlbach vernehmen. Eilte man dann an den Mühlbach, so wurde es schnell wieder an die andere Stelle der Syr versetzt.

Weshalb Mariä Himmelfahrt noch heute Feiertag ist

Das Wäschfrächen von der »Olker Bâch«

Eine halbe Stunde von Rosport-Mompach entfernt liegt nahe der Sauer – zwischen dem Rechenberg und dem Rhederberg – die romantische Talschlucht Olker Bach. Mitten darin befindet sich die sogenannte »Scheeß«, ein etwa dreißig Fuß hoher Felsen, von welchem der Olker Bach in einen Tümpel herunterfällt.

An dieser Stelle erschien früher in gewissen Nächten eine große, hehre Jungfrau. Sie trug blendend-weiße Gewänder und wurde vom Volk »Wäschfrächen von der Olker Bâch« genannt. Manchmal wusch sie schneeweißes Leinen im Scheeßentümpel, zu anderen Zeiten ging sie unterhalb der Scheeß am Rand des Olker Baches oder in den früher sehr dicht hier stehenden Haselgebüschen auf und ab spazieren.

~~~

Eine Frau hatte sich einst an Mariä Himmelfahrt während der Vesperzeit in die Olker Bâch begeben, um Haselnüsse zu pflücken. Als sie am Scheeßentümpel angekommen war, erschien ihr plötzlich am rechten Rand des Bachs eine schneeweiß gekleidete Jungfrau, die eine Kette von goldenen und silbernen Korallen um den Hals trug. Diese machte ihr wegen der Entheiligung des hohen Festes ernste und bittere Vorwürfe. Von Angst und Reue ergriffen, lief die Frau auf der Stelle nach Hause in die Vesper.

~~~

Noch schlimmer erging es an dieser Stelle einem Jüngling aus Kordel, der sich zu Rosport als Schneidermeister aufgeschlagen hatte. Er war auf Mariä Geburtstag mit einigen Freunden und Bekannten in den Rechenberger Wald gegangen, um Haselnüsse zu pflücken. Über dem Pflücken trennte er sich zufällig von seinen Gefährten und geriet in die Haselsträucher, welche in den Berghängen der Olker Bâch standen.

Plötzlich sah er eine große, schneeweiß gekleidete Jungfrau von wunderbarer Schönheit auf einem unterhalb des Scheeßentümpels am rechten Ufer des Olker Baches gelegenen Anger auf und ab wandeln. Sie trug eine goldene Krone auf dem Haupt. Ihre Gewänder glitzerten vom Schmuck des Goldes und des Silbers und ein unbeschreiblicher, wunderbarer Glanz strahlte von ihr aus. Der junge Mann fragte sie, ob sie sich vielleicht verirrt habe. Sie aber blickte ihn streng an und sprach vorwurfsvoll:

»Heute ist ein Tag, den man nicht durch Vergnügen entweihen, sondern heiligen soll!«

Groß war das Entsetzen des Jünglings. Zu Hause angekommen, musste er sich ins Bett legen. Von diesem Tag an kränkelte er und starb im nächsten Jahr – auf Mariä Geburtstag.

Gleich klatscht es – aber keinen Beifall!

Das Bichelgretchen an der Syr

Nicht weit von Mensdorf hörte man vor vielen Jahren allnächtlich das Bichelgretchen an der Syr bei der Bichel (Wald) waschen. Sie soll einen eisernen Bleuel gehabt haben. Wenn ein Vorübergehender in die Hände klatschte, um den Schlag des Bleuels nachzuahmen, so fiel er ins Wasser, worauf dann ein lautes Lachen erscholl.

~~~

Das Bichelgretchen soll außerdem eine große Körperkraft besessen haben. Wenn sie es wollte, erschlug sie mit ihrem Bleuel jeden, der ihr zu nahekam.

Sie können 30, 60 und 95 Grad

Die Wäscherinnen bei Sandweiler

Beim Bireler Hof nahe Sandweiler wuschen allnächtlich sieben Mädchen. Einst ging ein Mann vorbei und rief ihnen zu:

»Wascht mir mein Hemd auch einmal!«

Erzürnt ergriffen die Wäscherinnen den Vorwitzigen und schlugen mit ihren Bleueln auf ihn ein. Der Mann hütete sich in Zukunft, die nächtlichen Wäscherinnen anzusprechen.
~~~

Seine Haare waren nicht farbecht

Die Wäscherinnen am Weiher »Rahloch«

Im »Rahloch« bei Scheidhof, zwischen Sandweiler und Itzig, befindet sich ein Weiher, der in alten Zeiten sehr berüchtigt war. Einst ging dort in später Nacht ein einsamer Wanderer und hörte schon von weitem die Bleuelschläge von Wäscherinnen in der Stille. Als er näherkam, sah er am Rand des Weihers einige alte Frauen, welche mit ihren Waschbleueln still und stumm die Wäsche schlugen. Er sah darin nichts Übernatürliches und redete sie folgendermaßen an:

»Ihr wascht aber sehr spät!«

Er erhielt keine Antwort und wurde gehässig:

»Ah, ihr lumpiges Weibsvolk, wollt ihr nicht meine Kleider waschen?«

Kaum waren diese Worte über seine Lippen gekommen, erhielt er eine solche Tracht Prügel, dass er die Besinnung verlor und ohnmächtig zu Boden fiel. Als er wieder zu sich kam, waren seine Kleider durchnässt. Nun begriff er, dass die Wäscherinnen ihm während seiner Besinnungslosigkeit tatsächlich die Kleider ausgezogen und sie gebleuelt hatten.

Außer sich vor Angst und Schrecken lief er nach Hause und bemerkte erst am nächsten Tag, dass seine Haare infolge des Schreckens vollständig grau geworden waren.

Beten hilft

Der Hexenbaum im Grünewald

Es ist schon lange her, dass im Grünewald bei Eisenborn ein alter Herr lebte, der viel Gesinde hatte. Unter diesen war ein kleiner Knecht, der jeden Abend mit den Ochsen in den Wald fuhr und sich unter einem Baum in seine Decken einhüllte, während die Ochsen weideten.

Eines Abends lag er wieder unter einem großen Baum, als er über sich in den Ästen und Zweigen einen Lärm vernahm, als säßen alle Eulen des Waldes auf dem Baum. Der

Knecht zitterte vor Angst, warf sich auf die Knie und betete, bis das höllische Geräusch aufhörte.

Die Ochsen aber hatten sich derweil im Wald zerstreut und er musste lange suchen, bis er sie wieder beisammen hatte und nach Hause treiben konnte. Als die Ochsen im Stall waren, fühlte der Knecht Schmerzen in der rechten Schulter. Er wimmerte so sehr, dass der alte Herr ihn hörte, aufstand und fragte, was ihm fehle. Der Knecht erzählte, wie es ihm ergangen war. Der Herr nahm ein Buch, betete drei Tage lang und am dritten Tag fühlte der Knecht endlich keine Schmerzen mehr.

»Es war dein Glück, dass du so gut unter dem Baum gebetet hast«, sagte der Herr, »denn die Hexen waren auf dem Baum. Aber sie hatten keine Macht über dich. Hättest du nicht so gut gebetet, wäre es dir schlecht ergangen und ich hätte dir nicht mehr helfen können.«

»Drei Schoppen Wein und ein Schoppen Wasser sind auch ein Maß!«

Das Rhederfränzchen

Gegenüber der in der Nähe von Rosport gelegenen »Hölt« erhebt sich am linken Sauerufer der Rhederberg. Am waldigen Abhang dieses Bergs befindet sich zwischen dem Trierer und dem Wintersdorfer Weg eine tiefe Schlucht, die man »Fränzchensgruocht« zu nennen pflegte. Hier soll in früheren Zeiten das Rhederfränzchen gehaust haben.

Es war der Geist eines gottlosen Wirtes, der während seines Lebens große Betrügerei in seinem Geschäfte übte, indem er den Leuten nicht das rechte Maß gab. Er mischte zu drei Schoppen Wein einen Schoppen Wasser. Die einen sagen, sein Haus habe oberhalb der genannten Gruocht, in der Nähe des Wegs nach Trier gestanden. Dagegen behaupten andere – bei weitem die Mehrzahl – das Rhederfränzchen habe in Trier gewohnt.

Das Rhederfränzchen hatte durch seine Betrügereien Gottes Zorn über sich herabgerufen und konnte nach dem Tod keine Ruhe finden. Sein Geist kehrte in sein altes

Wohnhaus zurück, machte einen entsetzlichen Lärm im Keller und in der Wirtsstube und rief dabei:

»Drei Schoppen Wein und ein Schoppen Wasser sind auch ein Maß!«

Nach einer Weile riefen die Bewohner des Hauses, die durch dieses Poltern und Rufen beunruhigt und geängstigt wurden, einen frommen Geistlichen herbei, der den Poltergeist in die Fränzchensgruocht an der Sauer verbannte. Dort irrt er nun seit dieser Zeit umher und lässt in bestimmten Nächten den Ruf vernehmen:

»Drei Schoppen Wein und ein Schoppen Wasser sind auch ein Maß!«

~~~

Rosporter, die abends spät auf »Fenter« arbeiteten, hörten oft sein geisterhaftes Rufen. Die Umstehenden und Vorübergehenden pflegten ihn auf alle mögliche Weise zu necken – und deshalb wollte Fränzchen sich seinerseits durch allerlei tolle Streiche an ihnen rächen.

~~~

Ein Mann aus Ralingen, der einst in später Nacht von Trier nach Hause kam, rief, als er an der Fränzchensgruocht vorbeiging, dem Fränzchen höhnisch zu:

»He, komm, dann gehst du mit mir!«

Plötzlich entstand ein furchtbares Sausen und Brausen und das Fränzchen saß ihm in der Stellung eines Reiters auf Nacken und Schultern. Es war eine ungeheure Last, die immer schwerer und schwerer wurde. So musste der Mann ihn keuchend und schwitzend den Berg hinuntertragen, den ganzen Weg bis zum Olker Bach.

~~~

Eines Tages mähte ein Kerscher Bauer mit seinen Arbeitern Klee auf dem Rhederberg nahe der Fränzchensgruocht. Als sie sich setzten, um ihr Mahl einzunehmen, sprach der Knecht:

»Wir haben so viele Pfannkuchen, wir könnten dem Fränzchen wohl einige geben.«

Die anderen warnten ihn, er möge den Geist doch in Ruhe lassen. Aber vergebens. Der Knecht aber wurde nur noch frecher und rief nun laut:

»He, Fränzchen, komm! Du bekommst auch einen Pfannkuchen!«
~~~

Da entstand plötzlich Kettengerassel, das von einem unheimlichen Geräusch begleitet war. Alles, was Beine hatte, lief voller Angst davon. Der Knecht aber, der das Gespenst so keck verhöhnt hatte, war vor Schreck so gelähmt, dass er nicht von der Stelle kam. Er wurde von unsichtbarer Hand ergriffen und erbärmlich durchgeprügelt.

Manchmal möchte man den Geistern applaudieren. Viel zu viele Leute halten partout nicht die Klappe und sind ihren Mitmenschen eine Plage. Die Tracht Prügel wird als Abschreckung nichts ändern. Manche Leute – seien es Impfgegner, Homophobe, Fremdenhasser oder Hirnlose jeder Couleur – müssen erst am eigenen Leibe spüren, wie dämlich sie sich verhalten. Nur dann besteht die Hoffnung auf eine Besserung … falls der Hund (falls die Hündin) nicht schon zu alt ist.

Der ehemalige Boxweltmeister im Schwergewicht und verurteilte Gewaltverbrecher Mike Tyson traf den Nagel auf den Kopf. In armen Verhältnissen aufgewachsen konnte er beobachten, vielfach auch wegen seiner eigenen Delikte, dass Handlungen Konsequenzen nach sich zogen. Im Zeitalter sozialer Medien scheint dies nicht länger der Fall zu sein und er bemerkte – wohl nicht ohne einen Sinn für Humor: »Viele Menschen verhalten sich im Internet derart respektlos, weil keine Gefahr droht, dass sie die Konsequenzen fühlen – weil es auch mal eins auf die Nase gibt.« Tyson könnte Leuten reichlich einschenken. Hoffentlich wird »Iron Mike« kein Rhederfränzchen.

~~~

Einmal waren Leute aus Rosport auf »Fenter« damit beschäftigt, Korn zu schneiden. Als es Abend geworden war, rief eine Frau dem Fränzchen zu:

»Fränzchen, komm uns helfen!«

Kaum hatte sie das gesagt, so bemerkten die Leute auf einmal im Kornfeld neben sich eine geisterhafte Gestalt, die ebenfalls Korn abschnitt und es auf Garben legte. Vor Schrecken entfielen ihnen fast die Sicheln. Alle nahmen Reißaus. Als sie am nächsten Morgen zurückkehrten, konnten sie nicht die geringste Spur finden, wo Fränzchen geschnitten hatte. Alles Korn stand noch auf der Stelle, wo das Gespenst die Sichel angelegt hatte.

~~~

Ein Mann aus Rosport trug seinen Mähern, zwei kräftigen Jünglingen, das Morgenessen hinter »Arendt«, gegenüber der Fränzchensgruocht. Beim Trinken des Branntweins riefen die Jünglinge aus Mutwillen:

»Fränzchen, komm herüber, du bekommst auch ein Schnäpschen!«

Und plötzlich ließ sich jenseits der Sauer, im waldigen Abhang des Rhederberges, ein entsetzliches Getöse vernehmen. Man meinte, alle Buchen und Eichen fielen um und auch die Felsen würden mit fortgerissen. Das Geräusch kam immer näher. Es plätscherte durch die Sauer herüber, als ob man mit Flegeln auf das Wasser dresche.

Dann teilten sich am Ufer, wie durch unsichtbare Schnitte auseinandergeschlagen, der Hafer und die Gerste. Der gemähte Hafer flog auseinander, als wenn er von Dutzenden Heugabeln umhergestreut würde. Vor Entsetzen ließen die Jünglinge alles im Stich und liefen in einem Atem bis auf Köchelt.

~~~

Wären sie sitzengeblieben, so wäre es ihnen vielleicht ergangen wie einst einem Mann aus Rosport, der ebenfalls hinter »Arendt« arbeitete. Auch sein Rufen hatte den verwünschten Wirt gereizt und der Mann war darauf tüchtig durchgeprügelt worden.

Gieriges Weibsbild

Katzenhexe zu Buschrodt

In Buschrodt nahe Grosbous musste ein Witwer, dessen Kinder noch klein waren, selbst das Essen bereiten. Immer, wenn der Mann mit Kochen beschäftigt war, schlich eine fremde, ungepflegt aussehende Katze in die Küche und stahl, was sie nur finden konnte. Eines Tages backte der Mann Pfannkuchen, als die vorwitzige Katze schon wieder erschien.

Er hielt gerade die Pfanne mit dem noch heißen Fett in der Hand und schüttete es zornig der Diebin über den Kopf, welche mit einem fürchterlichen Geheul davonsprang. Am nächsten Tag ging die Nachbarsfrau mit verbranntem Gesicht über die Straße. Von jenem Tag an kam diese Katze nie mehr in das Haus des Manns zurück.
~~~

Dirty Dancing I

Hexentanzplatz bei Wormeldingen

Wenn man von Wormeldingen nach Dreiborn geht, kommt man über den Acker »Jenkenkopp«. Hier sah man vor noch wenigen Jahren in einem Kleefeld einen Kreis mit ungefähr zehn Metern Durchmesser. Im Ring selbst, der etwa einen halben Meter breit war, wuchs nichts. Man sah nur den nackten Boden, der vom vielen Treten ganz platt war. Auch als nachher das Kleefeld beackert wurde, blieb der Kreisring unfruchtbar und zertreten. Man vermutete, dass die Hexen hier immer noch abends ihre Tänze hielten.

~~~

In der Nähe von Schloss Dreiborn lag ein dem Winzer Schmit aus Wormeldingen gehörender Acker. Dort befand sich eine Stelle, auf der fast nichts wuchs und Pflanzen nur ein kümmerliches Dasein fristeten. An diesem Ort hätten früher Hexen getanzt.

Dirty Dancing II

Noch andere Versammlungsorte und Tanzplätze der Hexen

Beim Weißekreuz zu Grevenmacher sollen sich früher alle Hexen der Gegend zum Tanz versammelt und dabei gegen die Stadt verschworen haben.

~~~

Im Bärenthal zwischen Mamer und Kopstal befand sich eine Stelle mitten in einer Wiese, wo angeblich noch heute nichts wachsen soll. Auch hier sollen die Hexen ihre nächtlichen Tänze gehalten haben.

~~~

Auf dem Stênkämpchen zu Wiltz haben sich die Hexen früher in nächtlicher Zusammenkunft belustigt und getanzt.
~~~

~~~

Bei Diekirch befindet sich hinter dem Wald Seitert ebenfalls ein Hexentanzplatz. Man nannte den Ort »Rebcheskimmerchen« (Rübches Kammer). Dort sollen sich die Hexen unter einem dicken Birnbaum, der sich in einer Schlucht befand, zu ihrem Sabbat versammelt haben. An einem solchen Tag kamen die Hexen auf Besenstielen dorthin geritten, hielten Rat und bereiteten auch wohl ihre Zaubermittel zu. Wehe dem Wanderer, der dann dort vorbeikam!

Heiße Frauen

Das feurige Weib bei Berdorf

Zwei Männer und eine Frau gingen einst in dunkler Nacht über die sogenannte Huscht bei Berdorf. Auf einmal bemerkte die Frau neben dem Weg ein großes, feurig glühendes Weibsbild und ihm gegenüber eine ebenso große, schwarze Weibsgestalt. Erst eine Viertelstunde von dem Ort entfernt, wagte es die geängstigte Frau, ihren Begleitern von der Erscheinung zu sprechen. Beide hatten jedoch nichts gesehen.

»Geh zu deiner Frau!«

Nächtliche Tänzer zu Useldingen

Als eines Abends ein Hofpächter von Useldingen beschäftigt war, in der Wiese »das Wasser zu kehren«, hörte er in der Nähe eine himmlische Musik. Verwundert trat er hinzu und sah eine Gesellschaft tanzender Männer und Frauen. Nach dem Takt der Musik bewegten sie sich tanzend dem Ufer der Attert entlang bis zum Bisser Wehr. Der Tanz dauerte bis Tagesanbruch. Der Pächter erkannte eine der Tänzerinnen und rief ihr zu:
~~~

»Ei, Gevatterin, seid Ihr auch hier!«

»Es ist dein Glück«, sagte sie, »sonst wärst du niemals mehr heimgekommen. Hier hast du ein Stück Kuchen und nun geh zu deiner Frau.«

Als der Pächter zu Hause seiner Frau den Kuchen geben wollte, war es Kuhdreck.

~~~

Ein anderes Mal geriet derselbe Pächter, als er abends wieder das Wasser in der Wiese kehrte, mitten unter die Hexengesellschaft. Aufgefordert, mitzutanzen, lehnte er ab unter dem Vorwand, er sei zu müde.

»Dann betten wir dich ein«, sagten die Tänzerinnen und legten ihn auf ein Federbett.

Als er am nächsten Morgen erwachte, war der Pächter sehr verwundert: Er lag auf einem Holunderstrauch, der mit einigen Stangen gestützt war.

Ave Muh-ria

Hexen in den Escher Ställen

Alte Leute von Esch an der Sauer erzählten noch im späten 19. Jahrhundert, dass Hexen dort manchmal in Gestalt von Katzen, manchmal aber auch als Ratten die Kühe in den Ställen behexten, sodass diese gar keine oder lediglich rote Milch gaben. Nur durch Gebet und Besprengen mit Weihwasser konnten die Kühe von der Hexerei befreit werden.

Erst provozieren – und dann sautieren

Das Klopptreinchen zu Manternach

In Manternach wohnte vor vielen hundert Jahren in einem Häuschen eine alte Frau namens Klopptreinchen, die wegen ihrer Zauberei gefürchtet war. Als sie einst gegen Mittag Gréwen (Grieben) ausbriet, sagte sie:
~~~

»Warte, ich muss noch ein Späßchen machen.«
Schon war sie fort. Um diese Zeit pflügten Leute »in der Fels«. Plötzlich kam eine Hummel, welche um die Pferde herumschwirrte und diese dann samt Pflug die Felsen hinunterschleuderte. Das sei Klopptreinchen in Gestalt einer Hummel gewesen.

~~~

Als Klopptreinchen ein anderes Mal in Gestalt eines Insektes die Pferde an einem Pflug in den Abgrund werfen wollte, musste sie unverrichteter Sache zurückweichen – weil sich am Pflug ein Kreuzchen aus geweihtem Wachs befand.

~~~

Klopptreinchen konnte auch Kühe melken, selbst wenn diese weit entfernt waren. Von ihren Künsten hörte der Freiherr der Herrschaft Berburg. Er ließ die Hexe kommen und verlangte von ihr, dass sie einen Spaß mache. Da nahm sie zwei kleine Stöcke, befestigte dieselben am Kamin, strich an den Stöcken mit den Fingern auf und ab und molk so die Milch. Nach einer Weile kam der Kuhschweizer gelaufen und sagte:

»Herr, Eure beste Kuh ist draußen gefallen.«

Da ließ der Freiherr einen Scheiterhaufen errichten, die Hexe daraufsetzen und ihn anzünden. Als die Flammen der Hexe nahekamen, rief sie:

»In meinem Leben war es mir noch nicht so heiß um den Leib wie jetzt!«

So wurde das Klopptreinchen verbrannt.

~~~

Fünfzig Jahre später wollten Leute ein Haus an der Stelle bauen, wo das Hexenhäuschen gestanden hatte. Als man ihnen das erzählte, gaben sie aus Furcht ihr Vorhaben auf.

~~~

Eine alte Frau namens Mariechen aus Ettelbrück erzählte, wenn eine Hexe Milch haben wollte, nahm diese einen roten Lappen, hielt denselben an die Wand und klopfte dann dreimal darauf. Dann begann die Hexe, an dem Lappen zu streichen und sprach:

»Ein wenig Milch von dem seiner Kuh, ein wenig von dem seiner Kuh.«

So fuhr sie fort, bis sie Milch genug hatte. Sie hatte dann von keiner Kuh viel genommen und doch hatte sie Milch und Butter in Massen.

~~~

In Koerich hängten die Hexen Klöppel (Knüttel) in die Hâscht (Kamin) und strichen
~~~

daran, wie man es beim Melken der Kühe tat. Dann molken sie die Kühe anderer Leute, bald diese, bald jene. So verschafften sie sich Milch im Überfluss. Auch butterten sie auf Kosten anderer Leute, indem sie sagten:

»Botter, Botter, beichel dech (buttere)!
Mir e Komp voll,
Da mâchen ech mei Romp (Butterfaß) voll.«

Wer nach Katzen schlägt, verdient die Krallen

Die Hexe von Ospern

Ein armer Tagelöhner aus Wahl ging einst nach Arlon auf den Markt. Als er nach Ospern kam, sah er auf einer Gartenmauer eine große, schwarz und weiß gefleckte Katze sitzen. Das Haus, welches an den Garten grenzte, gehörte einer alten Frau. Die stand im Ruf, mit dem Teufel einen Bund geschlossen zu haben und den Menschen allerlei Böses zuzufügen.

Der Wahler, der kein Katzenfreund war, schlug mit seinem Stock nach der Katze, ohne sie jedoch zu treffen. Im Nu war sie hinter der Mauer verschwunden. Als er Ospern verlassen hatte, sah er plötzlich dieselbe Katze vor sich auf dem Weg sitzen. Sie folgte ihm bis an die belgische Grenze, obwohl er sie durch Stockschläge zu vertreiben suchte.

Abends auf seiner Rückkehr sah er plötzlich wieder dieselbe Katze nicht weit von Ospern auf einer kleinen Anhöhe sitzen und ihn mit feurigen Augen anglotzen. Der Mann begriff nun, dass es die berüchtigte Hexe aus Ospern war, die ihn verfolgte, weil er sie am Morgen auf der Gartenmauer hatte schlagen wollen. Mit Grausen sprang er in das nächste Gebüsch und erreichte glücklich auf Umwegen seine heimatliche Hütte.

~~~

Ein anderes Mal, als der Mann wieder nach Arlon ging und Ospern schon passiert hatte, war plötzlich ein großes Gepolter auf einigen Bäumen, die am Wege standen. Dann sprang eine Katze von einem der Bäume herab und landete dicht vor dem erschreckten Wahler.
~~~

~~~

Einst gingen drei arme Mädchen aus Wahl mit Haselnüssen nach Arlon auf den Markt, um diese dort zu verkaufen. Nicht weit von Ospern setzten sie sich nieder, um ein wenig auszuruhen. Da sahen sie eine schwarz und weiß gefleckte Katze hinter sich in das Gebüsch laufen. Bald darauf entstand ein Geräusch, als würde ein Stück Tuch auseinandergerissen und aus dem einen der Säcke rollten die Nüsse zur Erde.

Das konnte nur die Osperner Hexe gewesen sein, dachten die Mädchen, sammelten schnell die Nüsse wieder ein, banden sie in ein Tuch und legten dieselben in die Hotte. Diese begann sofort, heftig zu knarren und zu krachen, als ob sie jeden Augenblick auseinanderfallen würde. Erst an der belgischen Grenze hörten die Geräusche auf.

~~~

Der Mann der Osperner Hexe soll vor vielen Jahren in ein fremdes Land geflohen sein, weil er es bei ihr nicht habe aushalten können. Einst sei er nämlich zufällig während der Nacht erwacht und habe statt der Frau einen Besen neben sich im Bett gefunden – die Frau aber im ganzen Haus vergebens gesucht.

Nachtschicht

Das Platschmrechen bei Schrassig

Am sogenannten »Gruesbur« bei Schrassig ließ früher eine gespensterhafte Waschfrau um Mitternacht das hohle und geisterhafte Klatschen ihres Bleuels vernehmen. Man nannte sie allgemein das Platschmrechen.

4.
Sagen und Legenden von Kirchen und Klöstern

Die spinnen, die Römer Franzosen

Der Klackebur zu Schüttringen

Im Wiesental unterhalb Schüttringen befindet sich ein Ort, der im Volksmund allgemein »de Klackebur« genannt wurde. Als gegen Ende des 18. Jahrhunderts die Franzosen überall im Luxemburger Land die größten Grausamkeiten verübten, gelangten sie eines Tages auch – zum Schrecken der Bewohner – nach Schüttringen. Die Franzosen drangen in das Pfarrhaus ein und verlangten Geld und Lebensmittel. Der Pfarrer, ein ehrwürdiger Greis, gab ihnen, was sie verlangten. Darauf begaben sie sich in die anderen Häuser des Dorfes; überall fanden sie scheinbar freundliche Aufnahme.

Trotzdem konnten sie den Ort nicht verlassen, ohne eine Untat zu verüben. Einige Franzosen erstiegen den Kirchturm und warfen die beiden Glocken herab. Dann brachten sie diese auf einem Karren in das Wiesental und warfen sie in einen dort befindlichen Brunnen. Dieser Brunnen, der heute noch besteht, heißt seit dieser Zeit im Volksmund »de Klackebur«.

Es läutet den Maulwürfen

Die vergrabene Glocke zu Rimmel

Während der Französischen Revolution vergruben die Arsdorfer zum Schutz vor den Franzosen ihre Glocken in Rimmel, einem nahe gelegenen Wiesengrund, wo früher das durch die Pest heimgesuchte und verheerte Dörfchen Rimmelscheid gestanden hatte. Als die Arsdorfer später die Glocken wieder ausgruben, soll eine nicht wieder aufgefunden worden sein. Sie sei tief in den Boden versunken, doch höre man sie zuweilen noch läuten.

Die Hirtenknaben, welche das Vieh in Rimmel auf die Weide trieben, sollen zu gewissen Zeiten dort traurig hallende Glockentöne vernommen haben. Sie schienen tief aus der Erde heraufzukommen – dumpf und klagend.

Es hieß, die versunkene Glocke läute zur Seelenruhe der hier beerdigten Bewohner von Rimmelscheid oder sie weine tief unter der Erde, weil es ihr nicht vergönnt sei, neben ihren Schwestern im Turm zu hängen und in deren feierliches Läuten mit einzustimmen.

Heilwasser für den Kaiser

Karl der Große auf Helpert

Karl der Große soll an der Schwindsucht gelitten haben. Alle Ärzte hatten ihn schon aufgegeben. Jung und lebenslustig wie er war, betrübte ihn dies sehr. Ein ehrwürdiger Abt machte ihm Mut und riet ihm das Reisen und Jagen als Heilmittel an. Karl befolgte diesen Rat nur zu gerne und begab sich gleich auf den Weg.

Auf seinem Zug kam er ins Luxemburger Land in die Gegend von Helpert. Am 05. Mai veranstaltete man hier eine Jagd. Der Tag war schwül und es dürstete den Kaiser, doch nirgends war eine labende Quelle. Endlich fand er am südlichen Abhang eines Berges einen Brunnen und trank nach Herzenslust. Der grüne Boden lud ihn wie ein weiches Bett zur Ruhe ein und von Müdigkeit überwältigt war er gleich eingeschlafen.

Erneut von Durst gequält, wachte er auf, trank abermals einen guten Zug und schlief gleich wieder ein. Aber auch jetzt ließ ihn der Durst nicht lange ruhen. Er trank zum dritten Mal und erhob sich, um zu seiner Begleitung zu reiten. Da empfand er eine merkliche Veränderung in seinem Körper, es war ihm leicht und wohl, dass er nicht daran zweifelte, er habe dem Wasser seine Gesundheit zu verdanken. Freudig blies der Kaiser ins Horn und rief seine Leute zu sich. Er teilte ihnen das glückliche Ereignis mit und nannte den Brunnen »Gesundbrunnen«. Den Berg nannte er »Berg des Heils« (auch: Heilberg, oder »mons salutis«).

Aus Dankbarkeit zu Gott ließ Karl der Große dort eine Kirche zu Ehren des Heiligen Johannes des Täufers errichten. Die Kirche ist zwar bereits verfallen, aber ein Jahrmarkt, der bis ins Jahr 1832 hier gehalten wurde, erinnerte an die Genesung des Kaisers. Im besagten Jahre wurde dieser Markt in das in der Nähe liegende Finsterthal verlegt.

Garnich Tranken-Kirchen

Das rote Kreuz zu Garnich

Auf der Anhöhe nordwestlich von Garnich steht ein altes Kreuz, bekannt unter dem Namen rotes Kreuz. Es trägt unterhalb des Bildnisses, das den Tod Christi darstellt, die Zahl 1720 als einzige Aufschrift. Über das Entstehen dieses Kreuzes erzählt die Volkssage Folgendes:

Einst wurde der Pastor um Mitternacht zu einem Kranken aus dem eine halbe Stunde entfernten, zur Pfarrei Garnich gehörenden Kahler gerufen. Als er bei seiner Rückkehr an die Stelle kam, an welcher jetzt das rote Kreuz steht, fiel etwas über ihn her wie ein Ochse. Es richtete ihn übel zu und stürzte ihn in eine Erzgrube. Am nächsten Morgen erst wurde der Mann Gottes von Arbeitern herausgezogen. Daraufhin ließ er das Kreuz errichten.

Wenn's um Geld geht ...

Der Geiger von Echternach

Zu den Zeiten des Heiligen Willibrords wurde der Jüngling Veit aus Echternach seiner außerordentlichen Größe wegen der lange Veit genannt. Er war kürzlich zum Christentum übergetreten und auch seine junge Frau war Christin geworden. Sie beschlossen daraufhin, ins Heilige Land zu pilgern.

Schon waren zehn Jahre seit ihrer Abreise verflossen und da keinerlei Kunde von ihnen nach Echternach gelangte, so teilten die Anverwandten – in der Meinung, Veit und seine Frau seien gestorben – alle ihre Güter unter sich. Groß war also ihr Staunen, als am Ostertag des Jahres 729 der lange Veit plötzlich in Echternach wieder auftauchte. Aber auf seinem sonst so heiteren Gesicht zeigte sich große Trauer, denn seine Gattin war von den Sarazenen ermordet worden. Ganz verarmt kam er an und besaß nichts als ein seltsames, allen Einwohnern unbekanntes Instrument. Es war eine Art Geige.

Als Veit seine Güter zurückforderte, beschlossen seine Anverwandten, ihn anzuklagen: Er habe seine Frau ermordet. Tags darauf traten sie offen mit ihrer Anklage auf und drei der kräftigsten von ihnen erboten sich, nach der Sitte der damaligen Zeit, durch Zweikampf die Richtigkeit ihrer Aussage zu erhärten. Am Pfingstmontag fand der Zweikampf statt. Schon bald wurde Veit zu Boden geworfen, hatte des Gegners Fuß auf der Gurgel und musste sich für besiegt erklären lassen. Er wurde des Mordes für schuldig befunden und verurteilt, am folgenden Tag gehängt zu werden.

Veit erbat sich als letzte Gnade, auf seinem Todesgang seine Geige mitnehmen zu dürfen. Die Bitte wurde ihm gewährt. Schon stand er auf der Leiter an der Richtstätte, am Fuß des Hügels, wo heute die Pfarrkirche sich erhebt. Der Galgen war wie üblich umgeben von zahlreichen Zuschauern.

Da erfasste Veit den Fiedelbogen und entlockte seiner Geige so helle Töne, dass die Menge erstaunt und tief erschüttert aufhorchte. Auf die Klagetöne erklang es aus dem wunderbaren Instrument wie Schluchzen und Tränen, bei denen die Menge wie außer sich geriet, die Hände rang und irre Blicke warf. Der Henker, der oben auf der Leiter stand, wankte, ließ das verhängnisvolle Seil fallen und musste, da er sich nicht mehr oben zu halten vermochte, verwirrt herabsteigen.

Indessen spielte Veit wie besessen und unter seinem leicht und rasch dahingleitenden Fiedelbogen schienen Funken zu sprühen. Die wie angewurzelt horchende Menge befand sich nun komplett unter dem Einfluss des gewaltigen Geigers, der plötzlich mildere, himmlische Akkorde hervorzauberte. Es war ein Gebet, das aus dem verzauberten Instrument zum Himmel emporstieg. Die Zuschauer lagen auf den Knien.

Veits Lippen bewegten sich. Er betete und aus seinen großen, blauen, zum Himmel erhobenen Augen flossen Tränen. Gott erhörte des armen Geigers Gebet, wandte sein Antlitz ab von der verbrecherischen Menge und gab ihm seine Ankläger preis.

Plötzlich, von wilder Begeisterung ergriffen, raste Veit mit dem Fiedelbogen über sein Instrument und hüpfende, hinreißende Töne erklangen bezaubernd weithin. Wie von unsichtbarer Hand emporgehoben, stand das Volk nun aufrecht und begann, sich im Tanz zu bewegen. Anfangs ruhig und gemessen, dann aber immer schneller und schneller, bis sich zuletzt alles in rasendem Tanze drehte. Männer und Frauen, Greise und Mädchen, Väter und Kinder, alles tanzte. Veits Verwandte und mit ihnen die

Richter tanzten um die Leiter, der Henker tanzte unter dem Galgen. Die von den Weideplätzen hinzueilenden Tiere begannen ebenfalls zu tanzen. Alles, was in und um Echternach lebte, ward von der Tanzwut ergriffen.

Nun stieg Veit, immer weiter fiedelnd, von der Leiter herab. Er schritt durch die Menge, die ihn nicht aufhalten konnte, und entfernte sich langsam. Noch hörte man eine Zeitlang die Töne der Zaubergeige aus der Ferne erklingen, Veit aber war verschwunden und nie mehr hat man ihn in der Gegend wieder gesehen.

Ganz Echternach tanzte bis zum Sonnenuntergang. Die achtzehn Verwandten Veits aber tanzten, so lautet die Sage, unablässig ein Jahr lang um die Leiter herum. Schon waren sie bis an die Knie in die Erde hineingetanzt, als der Heilige Willibrord zu Utrecht davon Kunde erhielt, schnell herbeieilte und sie von dem Zaubertanz befreite.

In heiliger Mission

Die Pfarrkirche zu Rindschleiden

Die Rindschleidener Kirche soll vor mehr als tausend Jahren ein alter Heidentempel gewesen sein, in dem die Vorfahren ihren Göttern unter anderem auch Menschenopfer darbrachten. Als der Heilige Willibrord das Christentum im Land verbreitete, kam er auch nach Rindschleiden. Aber die Heiden lachten über seine Predigten und glaubten ihm nicht.

Er aber ging in ihren Tempel, stürzte die Götzenbilder von den Altären, streckte die Hand in die Flammen und das Feuer erlosch. Vor Staunen sprachlos sahen die Heiden ihm zu und erwarteten jeden Augenblick, ihre Götzen würden den Frevler töten – weil das aber nicht geschah, hielten sie seinen Gott für mächtiger als ihre Götter und nahmen das Christentum an. Von dieser Zeit an sollen die jährlichen Prozessionen herrühren, welche sich auf Pfingstmontag von den umliegenden Dörfern nach Rindschleiden zur Verehrung des Heiligen Willibrord begaben.

Verleihnix

Das Zurückbringen gestohlener Sachen

Die Köchin eines alten Burglinster Pfarrers sollte Brot backen. Als der Backofen fast heiß war, ging sie hinaus, um das Ofenbrett zu holen. Aber es war nicht zu finden. Sie trat zu ihrem Herrn in die Stube und sagte:

»Herr, der Ofen ist heiß, aber das Ofenbrett ist fort.«

Der Herr machte große Augen und sagte:

»Tu nur das Brot ein, das Brett wird schon gebracht werden.«

Die Köchin schoss das Brot ein und beim letzten Brot wurde das Brett eilig an die Haustür geworfen. So soll später auch einmal Leinwand zurückgebracht worden sein.

Gestern nach Echternach, heute ein Gang über die Fluren – morgen mit dem Finger über die Landkarte

Eine Wallfahrt nach Echternach

In der zweiten Hälfte des 18. Jahrhunderts brach in Heiderscheid eine Tierkrankheit aus. Kühe, Schweine, Schafe – alles wurde davon befallen. Die kranken Tiere zitterten am ganzen Leibe, schäumten und wüteten, als seien sie tollwütig. Jedes Tier, das die Krankheit hatte, verendete unter schrecklichen Zuckungen. Alte Leute erzählten, dass die Heiderscheider damals mehr Vieh auf den Schindanger schleppten, als heute Vieh in Heiderscheid sei.

Keine menschliche Hilfe fruchtete. Also suchte man schließlich Zuflucht beim Heiligen Willibrord. Die Einwohner verpflichteten sich durch ein Gelübde zu einer jährlichen Pilgerfahrt nach Echternach – worauf die Krankheit sogleich aufhörte.

Jedes Jahr pilgerte die Pfarrei von Heiderscheid in Prozession am Pfingstmontag zu den Gebeinen des Heiligen. Da während der Französischen Revolution diese Wallfahrt fast unmöglich wurde – die Franzosen hatten die Pilger einmal gefangen genommen und dieselben drei Tage lang zu Echternach eingesperrt – wurde das Gelübde umgeändert:

Von nun mussten die Heiderscheider jährlich am Pfingstmontag zum nahegelegenen Dorf Tadler pilgern, wo der Heilige Willibrord an diesem Tag ebenfalls verehrt wird. In den letzten Jahren änderte man das Gelübde noch einmal, und zwar so, dass die Prozession jetzt jährlich am genannten Tag nur mehr einen Gang über die Fluren der Pfarrei macht.

In der Ruhe liegt die Kraft

Die Sankt-Dodo-Klause zu Asselborn

Im siebten Jahrhundert war Sankt Dodo nach Asselborn gekommen und hatte sich dort eine Klause erbaut. Nach und nach bildete sich ein Dorf um seine Klause herum, da man von nah und fern zu dem heiligen Mann pilgerte, um Hilfe in der Not zu finden. Der Heilige aber wollte gern still und einsam wohnen, um der Andacht zu obliegen und sich seinen Betrachtungen hinzugeben. Deshalb verließ er das Dorf und kehrte in seine Heimat in die Benediktiner-Abtei Waslere (heute: Wallers-en-Fagne/Frankreich) zurück. Noch heute zeigt man in Asselborn die Trümmer seiner Klause und die Dodo-Quelle, die sich der Heilige selbst in einem tiefen Schacht gegraben hatte.

Heil für die Kranken

Sankt Pirmin

Vor mehr als eintausend, vielleicht sogar mehr als zweitausend Jahren könnte der größere Born des Pirminsbergs eine heidnisch vergötterte Quelle gewesen sein, während die zweite Quelle den Bewohnern der dortigen römischen Siedlung Trinkwasser lieferte. Noch im späten 19. Jahrhundert hatten beide Quellen dieselbe Bestimmung: Die erste wurde vom Volk als heilig angesehen, die zweite lieferte das trinkbare Wasser.

Zu Anfang des achten Jahrhunderts kam der Heilige Pirmin in diese Gegend, segnete den später nach ihm benannten Sankt-Pirmins-Born ein und gab ihm eine christliche, dem heidnischen Aberglauben entgegengesetzte Bestimmung.

~~~

Aus der Umgegend wurde berichtet, dass vor langer Zeit an einem Winterabend ein frommer Missionar allein und ohne Gefolge in Schloss Wiltz ankam. Dieses befand sich damals zu Niederwiltz, wo die jetzige Pfarrkirche steht. Dieser fremde Mann hieß Pirminus.

Die Schlossdame war alleine anwesend, weil ihr Gemahl sich in der Kerkerhaft zu Vianden befand. Sie empfing den Unbekannten mit allen Ehren, die damals den durchreisenden Regionarpriestern und Verkündern des Evangeliums zuteilwurden und sie bewirtete ihn nach Möglichkeit. Die Schlossherrin hatte jedoch nichts Eiligeres zu tun, als den Segen des Missionars für ihr einziges Söhnlein zu erbitten. Das Kind war von schwacher Gesundheit, hatte schmächtige Glieder und einen stark angeschwollenen Unterleib. Der heilige Regionarpriester gewährte der Bitte der edlen Mutter, segnete das Kind und fügte hinzu:

»Dieser Segen reicht nicht hin, um dein Kind zu heilen. Siehe, dort unten habe ich eine Quelle gesegnet, welche ehemals den Heiden zur Waschung diente, wenn sie sich zum Götzentempel begaben, dessen Trümmer auf dem Berg noch sichtbar sind. Trage deinen Sohn dahin und tauche ihn dreimal ins Wasser des Borns unter Aussprechen des Namens der drei Personen der allerheiligsten Dreifaltigkeit. Schicke dann für sein Heil während neun Tagen eifrige Gebete zum Gott aller Barmherzigkeit empor und dein Söhnlein wird die Gesundheit wiedererlangen. Zum Andenken an die Gewährung deiner Bitte sollst du dann auf den Überresten des heidnischen Tempels, wo ehedem der Irrtum den Götzen opferte, ein Bethaus zu Ehren des christlichen Gottes errichten lassen.«

Die edle Schlossdame nahm den Rat des Gottesmanns an und machte barfuß, inmitten des strengsten Winters, die Wallfahrt zum gesegneten Born. Mit sich trug sie ihren Sprössling und ihre einzige Hoffnung auf dem Arm hin zum »Fons salubris«. Und wie Sankt Pirmin es der Mutter verheißen hatte, so geschah es:

Das Kind, der zukünftige Herr von Wiltz, wurde gesund, gleich nachdem die Wallfahrt, die Waschung im Wasser der Quelle und die neuntägige Andacht beendigt waren.
~~~

Als kurze Zeit nach diesen Vorgängen im Schloss und an der Pirminsquelle der Herr von Wiltz – man weiß nicht, aus welcher Ursache – die Freiheit erhalten hatte und wieder auf seinem Gut in Niederwiltz angelangt war, glaubte er nicht an die Heilung seines Sohns durch ein Wunder. Er weigerte sich, das von seiner dankbaren Gattin dem Heiligen Pirmin versprochene Bethaus in der Einöde des heutigen Pirminsbergs zu erbauen. Zur Strafe verlor er kurze Zeit später das Leben in einem Zusammentreffen mit einem anderen Gutsherrn.

Nachdem der junge Herr von Wiltz zum Jüngling herangewachsen war, so berichtet weiter die Volksüberlieferung, holte er das nach, was seine Mutter dem Heiligen versprochen hatte. Schon bald erhoben sich über dem Schutthaufen der zerstörten Römervilla ein Bethaus und eine kleine Einsiedelei für fromme Männer.

~~~

Nach einer alten Sage, die in der Umgegend von Wiltz und Kaundorf von vieler Leute Mund erzählt wurde, litt der Heilige Pirmin an einem heftigen Augenübel. Wo auch immer er nur das kleinste Brünnchen erblickte oder ein Bächlein antraf, kniete er am Ufer nieder, schöpfte von der klaren Welle und wusch damit seine triefenden Augen. Vergebens, denn kein Wasser im Ösling war kräftig genug, das Übel zu heilen.

So kam er einst auf seinen Missionsreisen an den später nach ihm benannten Born, kniete auch dort nieder, segnete die sprudelnde Quelle, wusch damit seine Augen, und siehe da: Das Übel war überwunden. Das heilsame Wasser hatte ihn davon befreit und seit dieser Zeit gebrauchte man dasselbe zur Heilung von Augenkrankheiten.

Glauben … oder sonst!

Der Sankt-Pirmins-Brunnen

Sankt Pirmin, ein berühmter Wallfahrtsort im Kanton Wiltz, liegt etwa eine halbe Stunde von Kaundorf entfernt. Auf einem kleinen Plateau nahe der Straße von Ettelbrück nach Bastogne erhob sich das alternde Kapellchen. Jeden Pfingstmontag pilgerte die Pfarrei Kaundorf in feierlicher Prozession zum Gnadenort. Von nah und
~~~

fern strömten an diesem Tag viele Wallfahrer herbei, um von dem Heiligen Pirmin Hilfe in ihren Nöten zu erflehen.

Etwa zweihundert Meter nördlich von der Kapelle liegt eine kleine Klause mit dem sogenannten Pirminsbrunnen. Dorthin werden besonders kleine Kinder gebracht, welche dickbäuchig sind oder nicht gehen können. Man taucht sie dreimal bis über den Kopf ins Wasser, wodurch sie in der Regel die Gesundheit wiedererlangen.

~~~

Einst kam nachts ein Wiltzer an der Pirminskapelle vorbei und begann über den Heiligen und seinen Brunnen zu spotten.

»Du heilst die dicken Bäuche«, rief er, »so heile denn auch mich.«

Mit diesen Worten sprang er in das eiskalte Wasser, stieg aber bald wieder heraus und kehrte nach Hause zurück. Am nächsten Morgen waren jene Teile seines Körpers, welche das Wasser berührt hatte, mit Geschwüren bedeckt. Es dauerte sehr lange, bis er wieder gesund wurde. Der Mann lebte im späten 19. Jahrhundert noch und glaubte stets, er werde von Sankt Pirmin oder vom Teufel verfolgt.

~~~

Nach einer anderen Mitteilung habe der bestrafte Spötter den Pfarrer aufgesucht und ihm den Hergang der Sache erzählt. Dieser habe dem Mann den Rat erteilt, sich zum Brunnen zu begeben und dort vor dem Heiligen Abbitte zu tun. Diesen Rat habe der Mann befolgt und sei noch in derselben Stunde von seiner Plage befreit gewesen.

Sie machte Tote lebendig

Die Heilige Amalberga

Die Heilige Amalberga wurde auf Schloss Rodingen geboren. Ihre Eltern stammten aus königlichem Geblüt. Von Kindheit an widmete sie sich dem Dienst des Herrn und legte, zur Jungfrau herangereift, das Gelübde ewiger Keuschheit ab.

Früh verlor sie Vater und Mutter und lebte im elterlichen Haus mit einem ihrer Brüder. Nachdem dieser aber in ein Kloster eingetreten war, führte Amalberga – wie eine Klausnerin zurückgezogen von der Welt – ein heiliges Leben, das alle weltlichen Bewerber fernhielt.

Von ihrer Frömmigkeit und Schönheit eingenommen, wollte der seinerzeit noch junge Karl der Große sie trotzdem zur Gemahlin gewinnen. Eines Tages ergriff der Jüngling die Jungfrau, die von seinen Bewerbungen nichts wissen wollte, so leidenschaftlich und ungestüm bei der Hand, dass er ihr den Arm brach. Der erschrockene Karl unterließ es von nun an, sie weiter zu bedrängen.

Amalberga zog sich daraufhin ins Kloster Münster-Bilsen bei Lüttich zurück, wo sie als ein Muster vollkommener Tugend im einunddreißigsten Jahre ihres Alters starb.

An ihrem Grab geschahen wunderbare Heilungen, sodass man bald scharenweise zum Grab pilgerte. Tote wurden wieder lebendig, Besessene und Fallsüchtige geheilt, Gelähmte erhielten ihre Gesundheit wieder und andere Kranke erfuhren Linderung.

Sie trotzte dem Feuer aller Versuchung

Die Heilige Kunigunde

Die Heilige Kunigunde war die älteste Tochter Siegfrieds, des ersten Luxemburger Grafen. Sie war mit Heinrich, dem Herzog von Bayern vermählt, der später deutscher Kaiser werden sollte. Im Einverständnis mit ihrem Gemahl hatte Kunigunde bei ihrer Vermählung das Gelübde ewiger Jungfräulichkeit abgelegt.

Die Verleumdung von Missgünstigen jedoch schonte auch ein derart heiliges Leben nicht. Mit verlogener Niedertracht wurde geschickt alles so zusammengestellt, dass selbst der Gemahl an der Treue seiner eigenen Gattin zu zweifeln begann. Obschon Kunigunde die verleumderische Anklage mit Ergebenheit ertragen hätte, galt es doch, durch Ehrenrettung das Ärgernis niederzuschlagen.

Sie erbot sich deshalb, zum Beweis ihrer Unschuld die Feuerprobe zu bestehen. Nachdem sie Gott angefleht hatte, ging sie, von lebendigem Glauben beseelt und vertrauend auf Gottes Beistand, barfuß und ohne sich zu verletzen, über glühende Pflugscharen dahin, als ob sie über Rosenblätter wandelte.

Nach einem gottseligen Leben wurde sie zu Bamberg neben ihrem Gatten beerdigt. Man berichtet von vielen Wundern, die an ihrem Grab geschahen.

~~~

Bei der Beerdigung der Heiligen Kaiserin trug sich folgendes wunderbare Ereignis zu. Als man das Grab Heinrichs geöffnet hatte, um sie ihrem Wunsch gemäß neben ihrem Bruder und Herrn, dem Kaiser, zu begraben, erscholl vom Himmel die Stimme:

»O Jungfrau, mache Platz der Jungfrau!«

Nun waren alle Anwesenden Zeuge, wie Heinrich zur Seite rückte, um seiner Gemahlin – der Braut Jesu Christi – Platz zu machen.

~~~

Kaiser Heinrich und seine Gemahlin Kunigunde hatten sich bekanntlich Keuschheit gelobt. Eines Tages spazierten sie in dem großen Wald Hauptsmoor bei Bamberg und ruhten auf der Stelle, welche man Kunigundenruh nennt. Später, im traulichen Gespräch ihre Unschuld beteuernd, nahm Kunigunde ihren Ring vom Finger und warf ihn auf den Bamberger Dom. Dort durchbohrte der Ring die große Glocke, diese ertönte dumpf – und noch heute sieht man das Loch. Der Boden, über den der Ring flog, brachte von nun an das süße Holz hervor, welches nur hier wächst.

~~~

Andere erzählen, die Heilige Kunigunde saß auf einem Märtyrer-Kreuz, als in Bamberg ein Brand ausbrach. Sie warf ihren goldenen Ring gegen die Glocke des Doms, welche hierauf von selbst läutete und worauf der Brand gelöscht werden konnte. Der Ring bohrte ein Loch durch die Glocke, welches kein Glockengießer verschließen kann.

Eine Kirche für die Freiheit

Gründung der Udalrich-Kirche im Grund

Udalrich, seines Zeichens Graf von Koerich, hatte sich auf einer Jagd verirrt und geriet in das enge Petrustal nahe der heutigen Unterstadt Grund. Damals befanden sich dort weder Haus noch Hof und dichte Waldung bedeckte die Höhen ringsum.
~~~

Als der Ritter an der jetzigen Quirinus-Kapelle vorbeiritt, hörte er eine weibliche Stimme, welche ihm zurief, er solle sich nur schnell fortmachen, sonst wäre er verloren.

»Ich bin die Gefangene der Räuber, welche hier hausen. Sie werden bald zurückkehren und Euch töten.«

Der Ritter befolgte ihren Rat. Als aber die Räuber nahten und er im Dickicht keinen Ausweg fand, geriet er in große Angst und gelobte seinem heiligen Schutzpatron, eine Kirche erbauen zu lassen, falls derselbe ihm aus der Gefahr helfe.

Mit Hilfe des Heiligen Udalrich schlug er sich dann Bahn durch den Räuberhaufen, kehrte in der Nacht mit seinen Knappen zurück, nahm die Räuber gefangen und ließ sie hinrichten. An der Stelle der Räuberhöhle erbaute er – wie er gelobt hatte – die Sankt-Udalrich-Kirche.

~~~

Noch im späten 19. Jahrhundert bezeichneten Kinder ein tiefes Loch im Petrusbach unter der Brücke – vermutlich ein Keller des ersten Hauses der Deutschherren, gegenüber der alten Kirche – als eine alte Räuberhöhle.

Das Heil des Wassers

Sankt Quirin und die drei Jungfrauen

Vor dem ehemaligen Diedenhofener Tor zu Luxemburg, rechts an der alten, Berliner Weg genannten Landstraße, befand sich eine Kapelle, in der ein steinernes Kreuz stand. Auf dem oberen Balken war der Heiland am Kreuz nebst zwei Knechten, von denen der eine einen Spieß, der andere den Schwamm gegen den Heiland richtete. Im Hauptbalken befand sich Sankt Wendelin: mit Hut, Tasche und Hirtenstab in der Linken und Rosenkranz in der Rechten, darunter sein Name. Unter dieser Figur stand folgende Inschrift:

»Tröst dich hieby, mein frommer Christ, wann dir auff Erde übel ist. – 1738«

An der linken Seitenwand der Kapelle ist eine ungefähr fünfzig Zentimeter hohe, in Holz gearbeitete Gruppe angebracht. Sie zeigt drei auf einem Esel sitzende Jungfrauen.
~~~

Alle drei sitzen nach Art der Frauen auf, die Gesichter nach der rechten Seite gewendet, wie des Esels Kopf. Die mittlere hat die Augen mit einer weißen Stirnbinde verbunden und zeichnet sich durch besonders langes Haupthaar aus. Alle drei halten die linke Hand auf die Brust und die rechte graziös erhoben.

Fünfzig Schritte taleinwärts befindet sich die Sankt-Quirinus-Grotte und der Quirinus-Brunnen. Die Ortstradition berichtet hierzu folgendes:

Die Sankt-Quirinus-Kapelle war ohne jeden Zweifel ursprünglich eine Räuberhöhle. Einst hauste dort eine alte Frau mit ihren drei Söhnen, welche das verruchte Räuberhandwerk trieben. Drei Jungfrauen, die einst des Weges kamen, wurden von den dreien angefallen, ausgeplündert und gefoltert. Die drei Frauen entkamen jedoch auf ihrem Esel und ließen die Kapelle an der Straße mit der beschriebenen Gruppe errichten. Die Stirnbinde der mittleren Jungfrau bedeutet, dass sie an der Stirn verwundet war.

~~~

Eines Tages kam ein Herr mit seinem Diener daher geritten. Da sie müde waren, kehrten sie in die Räuberhöhle ein. Die Alte war allein, denn ihre Söhne waren auf Raubzug. Die beiden Gäste begehrten ein Nachtmahl von der Alten und während diese damit beschäftigt war, hörten der Herr und sein Diener, wie das Pferd des Herrn mit dem Fuß scharrte. Hierdurch argwöhnisch gemacht, untersuchten sie die Stelle, wo das Pferd stand. Dort lagen eine Menge Leichname unter der Erde vergraben.

Die beiden wussten nun, wo sie waren, bereiteten sich zur Gegenwehr und als die Räuber zurückkamen, schossen sie zwei davon tot. Der dritte konnte fliehen. Die Alte empfand Reue über ihre Frevel und gestand alles. Sie führte die Fremden an einen anderen Ort nahe der Hütte, genannt »beim Markstein« (auch: »beim Kreuz«), wo viele Ermordete begraben lagen.

~~~

In Bezug auf den Brunnen und die drei Jungfrauen wurde außerdem Folgendes erzählt:

Drei mit Skrofeln behaftete Nonnen wallfahrteten nach Luxemburg, um dort von der Mutter Gottes Heilung ihres Übels zu erlangen. Als sie in die Nähe des Quirinusquells kamen, saßen sie von ihrem Esel ab und labten sich an dem frischen Wasser, denn sie empfanden großen Durst. Aber kaum hatten sie eine Handvoll des Wassers genossen, waren sie von ihrem Übel geheilt. Sie dankten Gott und gelobten, diese wunderbare Heilung durch ein Standbild zu verewigen. Als sie aber in der Stadt angelangt waren und am Kloster abstiegen, sahen sie, dass die Nonnen bereits am Abendtisch saßen. Sie fürchteten sich daher, schämten sich und keine wollte vorangehen. Dann sagte eine von ihnen:

»Verbindet mir die Augen, dann will ich vorangehen.«

Dies geschah. Weil aber die beiden anderen sie nicht allein gehen lassen wollten, nahmen sie dieselbe in die Mitte.

Von dem Tag an wurde der Quirinus-Brunnen berühmt und erwies sich fortan heilkräftig gegen Skrofeln, Hautausschläge und Augenkrankheiten. Jährlich am fünften Sonntag nach Ostern wallfahrtete man zur Quirinus-Kapelle, opferte Kinnbacken oder sonstiges getrocknetes Schweinefleisch und füllte die Flaschen mit dem Wasser des Brunnens.

~~~

Hierauf anspielend, schickten die Mütter seinerzeit, wenn ein Kind zu spät zum Essen kam, es zu den drei Jungfrauen speisen.

Lämmchen Gottes

Gründung der Abtei zu Clairefontaine

Als Gräfin Ermesinde von Luxemburg vor gut achthundert Jahren auf ihrem Schloss weilte und in dessen Nähe spazieren ging, setzte sie sich an den Rand einer Quelle in den Schatten einer dichtbelaubten Eiche, um ein wenig auszuruhen. Bald schon war sie sogar eingeschlafen und hatte einen ganz besonderen Traum:

Sie sah eine hohe und ausnehmend schöne Frauengestalt mit einem Kind auf dem Arm von der nahen Anhöhe herabsteigen. Beide schritten auf die Quelle zu, an welcher die Gräfin saß. Entzückt über diesen Anblick, bemerkte Ermesinde plötzlich, wie sich eine Herde Lämmchen um die schöne Gestalt scharte. Auf Rücken und Brust waren die Lämmer mit einem zwei Hände breiten, schwarzen Streifen gezeichnet, ansonsten war
~~~

ihr ganzer Körper weiß wie Schnee. Die Gräfin bemerkte, wie die himmlische Gestalt mit besonderem Wohlgefallen die Lämmchen betrachtete und eins nach dem anderen streichelte. Dann verschwand die Erscheinung plötzlich – und Ermesinde erwachte.

Überzeugt, dass Gott, der oft im Traum den Menschen seinen Willen offenbarte, auch ihr etwas Geheimnisvolles andeuten wollte, suchte sie einen Einsiedler auf, der als fromm und gottesfürchtig galt und abgeschieden von der Welt an dem Ort lebte, wo sich später die Abtei Clairefontaine erhob. Nach einem kurzen Gebet erhob sich der Klausner und sagte:

»Ihr Traum ist wunderbar. Die Frau, die Ihnen erschienen war, ist niemand anders als die selige Jungfrau Maria. Die gestreiften Lämmchen bedeuten Jungfrauen, die sich unter dem Ordensgewand des Heiligen Bernhard dem Herrn geweiht haben. Die Heilige Jungfrau ist diesem Orden besonders zugetan und ist dessen mächtige Beschützerin. Gründet an diesem Ort eine Abtei, denn ein verdienstvolleres Werk könnt Ihr nicht vollbringen. Heilige Jungfrauen werden dort ewig das Lob des Herrn singen und an ihren Verdiensten werdet sowohl Ihr selbst als auch Eure Nachkommen viele Generationen lang Anteil haben.«

Ermesinde nahm diese Deutung wie einen Orakelspruch entgegen und begab sich sofort daran, an diesem Ort eine Kirche und ein Frauenkloster zu gründen. Nachdem die Kirche erbaut war, ließ man dort ein Bild malen, auf dem man die Erscheinung, welche Ermesinde an der Quelle gehabt hatte, mit allen Nebenumständen darstellte.

Ein Dreipfundskerl

Das Gnadenbild in der Girster Klause

Ein junger Mann aus Dickweiler wurde vor vielen Jahrhunderten in der Türkei während eines Kriegs gefangengenommen, geknebelt und mit Ketten beladen in einen tiefen, dunklen Keller geworfen. In dieser Not nahm er, wie der junge Elbert, seine Zuflucht zu der von ihm verehrten Muttergottes von Girst und gelobte, dass er – wenn er befreit würde und das Glück hätte, seine Heimat wiederzusehen – in der Muttergotteskirche von Girst so viel Wachs opfern wolle, wie er mit seinen Ketten wiege. Darauf betete er und schlief ein.

Als er am nächsten Morgen erwachte, lag er in seinen Ketten auf »Steil« bei Burschdorf. Andere berichteten, er habe auf der Anhöhe von Girst in der Nähe des Heiligtums gelegen, an jener Stelle, die am Rand des nach Dickweiler führenden Wegs noch heute mit einem Kreuze bezeichnet ist.

Um sein Gelübde zu erfüllen, ließ er sich wiegen und siehe da – ein zweites Wunder! Selbst mitsamt allen Ketten wog er nur drei Pfund. Er opferte daher eine dreipfündige Kerze, ließ seine Ketten auf Girst liegen und wanderte freudig der Heimat zu.

Wer bremst, verliert – also Downhill mit 1 PS

Die Kapelle im Felsen bei Wasserbillig

Von dem hohen Felsen bei Wasserbillig sprengte einst ein von Feinden verfolgter Ritter, nachdem er sein Leben Gott befohlen, mit seinem Pferd in den Moselstrom hinab. Tatsächlich gelangte er glücklich hinunter und erreichte mit seinem Pferd das jenseitige Ufer. Die Hufeisen des Pferdes sollen noch heute im Felsen sichtbar sein. Zum Dank ließ der Ritter die Kapelle in den Felsen einhauen.

Küss die Hand schöne … r Mann?

Der Wunderarm zu Niederwampach

Seit undenklichen Zeiten gibt es in Niederwampach die Volkssage, dass im dortigen »Heiligen-Born« vor vielen Jahrhunderten der Arm eines nicht näher bekannten Heiligen gefunden wurde. Dieser Arm sei jedoch später verlorengegangen und durch einen ähnlichen, hölzernen ersetzt worden. Von der Zeit an diente der hölzerne Arm als Reliquie – welches man bis ins späte 19. Jahrhundert als Heiligtum zum Kuss reichte.

Ein bellendes Bauernopfer für eine Dame

Die Hubertusstiftung zu Bürden

Das edle Fräulein von Burscheid hatte sich einst, nur von ihren Hunden begleitet, in den Wald begeben. Plötzlich rauschte es in den Hecken und ein anderer, rasender Hund stürzte mit schaumbedecktem Maul auf das Fräulein los. In ihrer Angst betete sie zu Gott und gelobte, dem Heiligen Hubertus ein Kirchlein zu erbauen, falls sie gerettet würde. Ihr Gebet wurde erhört – aber ihre Hunde wurden von dem rasenden totgebissen. Sie erfüllte ihr Versprechen und erbaute zu Bürden eine Kapelle zu Ehren des Heiligen Hubertus.

Wie man eine Kapelle gründet

Das Gnadenbild zu Girst

Die Muttergottesstatue, die sich jetzt in der Girster Klause befindet, stand vor uralter Zeit in einer alten Mauer inmitten einer Haselstaude an derselben Stelle, wo später das Kirchlein erbaut wurde. Dort entdeckten es Leute aus Rosport und trugen es ehrfurchtsvoll in ein Heiligenhäuschen in der Nähe ihres Dorfs. Am nächsten Morgen war das Muttergottesbild jedoch wieder an seinem früheren Standort.

Nachdem man es drei Male in das Heiligenhäuschen gebracht hatte und es jedes Mal an seinen alten Ort zurückgekehrt war, stellte man es in der Haselstaude auf. Daher entstanden auch die üblichen Benennungen Maria von der Haselstaude, Unsere Liebe Frau von der Stauden, Muttergottes von der Haselter Hecke – allesamt Benennungen, die noch gegen die Mitte des 18. Jahrhunderts im Luxemburgischen gangbar waren und womit man das Bild bezeichnete.

~~~

Ein Hirte aus der Umgegend von Girst, der einem von der Herde abgekommenen Rind nachspürte, vernahm einmal aus dem Dunkel des Laubes eine Stimme:

»Nimm mich mit!«
~~~

Er konnte aber niemand um sich herum sehen. Da erhob er seine Augen himmelwärts, erblickte ein hellstrahlendes Madonnenbild auf einer hohen Eiche und vernahm wieder dieselbe Stimme und denselben Ruf. Sogleich erkletterte er den Baum und nahm das Bild herunter. Er wollte es mit nach Hause nehmen, doch als er zu einem Steinhaufen vor dem Wald kam, vermochte er das Bild weder vorwärts noch rückwärts weiter zu tragen. Daraus schloss er, es müsse demselben an dieser Stelle ein Obdach errichtet werden. So wurde die jetzt noch bestehende Girster Kapelle erbaut.

Zu kalt und zu heiß

Der Vertrag für die andere Welt

In Linster hatten einst zwei Knechte sich das Wort gegeben, dass derjenige, der zuerst sterbe, dem Überlebenden erscheinen werde, um ihm zu sagen, wie es ihm in der anderen Welt ergehe. Der älteste starb und erschien tags darauf seinem Freund. Er machte ein Loch in die Erde und bat seinen Kameraden, die Hand hineinzulegen. Dieser tat es, zog aber plötzlich die Hand zurück, weil er die Kälte, die er empfand, nicht aushalten konnte. Darauf steckte der Geist auch seine Hand ins Loch und bat den anderen abermals, das gleiche zu tun – doch dieses Mal verbrannte sich dieser die Hand. Hierauf verschwand der Geist.

»Mehr Licht!«

Erlöschen der Kerzen

Wenn während des Gottesdienstes eine in der Kirche brennende Kerze plötzlich erlischt, so stirbt in demselben Augenblick ein Mensch. Vor etwa zweihundertfünfzig Jahren erlosch zu Esch an der Sauer während des Rosenkranzgebets die in der Mitte der Kirche brennende Kerze. Im selben Augenblick starb der damalige Küster.

Mathematik im Jenseits: Sehr gut

Der Berichterstatter aus dem Jenseits

Vor etwa dreihundert Jahren bewohnten zwei Brüder ein Häuschen in Rollingergrund nahe der Quelle, die man heute Siebenbrunnen nennt. Beide hatten sich gegenseitig das Versprechen gegeben, bis an ihren Tod beieinander zu bleiben. Auch sollte derjenige, der zuerst sterben würde, nach seinem Tod aus der Ewigkeit zurückkommen und dem anderen sagen, wie es drüben aussehe. Der ältere der beiden starb zuerst.

Ungefähr einen Monat nach seinem Tod lag der Bruder halbwach im Bett und fühlte plötzlich eine kalte, knöcherne Hand ihm übers Gesicht fahren. Das geschah ein zweites und ein drittes Mal. Als er dann die Augen aufschlug, stand sein verstorbener Bruder vor ihm.

»Bist du es, Bruder? Nun, wie sieht es drüben aus?«, sprach er ihn an.

»Oh«, erwiderte der Gefragte, »man rechnet genau und bezahlt richtig!«

Darauf verschwand der Hingeschiedene wieder. Der jüngere Bruder aber kränkelte von dieser Stunde an – und schon nach einem Monat war er dem Bruder in die Ewigkeit gefolgt.

Spirituelle Mitbewerber

Templer zu Eisenbach

Viele Einwohner Eisenbachs glaubten, dass die in der Umgegend befindlichen Steintrümmer von sogenannten »Tempelhäusern« herrührten, in denen früher Tempelherren gewohnt hätten. Diese seien Raubritter gewesen, die den früheren Burggrafen von Stolzemburg und Falkenstein für immer ein Ende bereitet hätten. Auf dem »Becherberg« konnte man noch Überreste ihrer Wohnungen sehen. In der Gegend vom Kohnenhof waren die Steintrümmer zu sehen, wo ihre Kirche gestanden hatte. Auf anderen Stellen zeigte man, wo einst die Stallungen waren. An manchen dieser Stellen hatte man früher irdene Krüge vorgefunden, in welchen sich Asche von den Brandopfern befand.

~~~

Auch auf der »Kâp« zwischen Wahlhausen und Eisenbach sollen sich die Trümmer eines »Heidenhäuschens« befunden haben. Dieses war aber schon sehr lange nicht mehr mit Namen bekannt und dieser ist wohl für immer an die Zeit verloren.

Johannes der Wiedertäufer

Der Wiedertäufer im Wölfragrond

Auf Wölfragrond hatte man ein Kreuz aufgestellt, und zwar in einer Nische, die in den Baum gehauen war. Eines Tages war das Kreuz verschwunden. Das geschah zu jener Zeit, als die Wiedertäufer auf dem Damsenhof zwischen Ellingen und Erpeldingen hausten. Unter ihnen soll sich ein Mann befunden haben, der einen Bund mit dem Teufel hatte. Niemand traute ihm und man vermutete, er habe das Kreuz weggenommen.

~~~

Ein Mann aus Wellenstein ging am Sumpf im Wölfragrond vorbei. Ein großer Hund saß mitten im Sumpf, schwarz wie eine Kohle, und wimmerte so jämmerlich, als wäre er mit dem Schwanz angewachsen. Der Mann trat hinzu. Kaum hatte er den Sumpfboden betreten, traten unter ihm Flammen aus dem Boden. Er ließ sich nicht zurückschrecken, hatte vielleicht ein Glas getrunken, aber war sicher nicht betrunken. Der Mann ging näher.

»Ist es der Teufel selbst«, sagte er zu sich, »so hast du ihn gesehen.«

Immer schrecklicher wurde das Geschehen um ihn herum. Es blitzte. Funken flogen umher. Nach einer Weile blieb er stehen. Dann ging er weiter, um den Hund zu befreien. Plötzlich rief eine Stimme vom Baum herunter:

»Pack an!«

Der Hund sprang auf den Mann zu und packte ihn, einem Schraubstock gleich.

»Reiß nieder!«

Der Mann wurde zu Boden geworfen, dass ihm die Rippen im Leib krachten.

»Durch Stahl und Eisen!«

Der es gut meinende Retter klammerte sich mit beiden Armen an einen Baum. Doch der Hund riss an ihm, der linke Arm blieb hängen und der Mann selbst flog aus dem Sumpf hinaus – und wünschte sich, den Teufel nie mehr zu sehen.

~~~

Noch viele kamen an dieser Stelle vorbei. Wenige blieben ungeschoren, besonders wenn der alte Wiedertäufer jemandem nicht wohlgesonnen war. Der stand im Bund mit dem Schwarzen. Der alte Pastor aus Ellingen hatte es oft gepredigt. Dieser sei ebenso mächtig wie der Wiedertäufer gewesen und deshalb konnte der ihm nichts anhaben.

Sagen dieser Art machen Ihren ergebenen Autor stets stutzig: Hat man diese erzählt, um die Macht des Ellinger Pastors zu preisen? Welche Macht genau? Jahwe hat eindeutige Vorschriften, was Zauberei angeht – und es geht niemals gut für den Zauberer aus, wie z.B. in Deu 18:10-12 oder Ex 22:17: »Eine Zauberin sollst du nicht am Leben lassen.« Oder sind Behauptungen wie »mächtig« und »konnte der ihm nichts anhaben« vielleicht clever getarnte Komplimente? Haben die Sagensammler hier »dem Volk aufs Maul geschaut«?

Räuber und Gendarm

Der Bann und seine Lösung

Vor vielen Jahren kehrte der Priester des Spitals abends von einem nahen Dorf nach Diekirch zurück. Plötzlich trat ihm ein Klausner, der sich in der Umgegend aufhielt, in den Weg und forderte Geld oder Blut.

»Freund«, sagte der Priester, »ist das Euer Ernst?«

»Mein voller Ernst«, entgegnete der andere.

»Nun, wenn es nicht anders sein kann, so wollen wir die Sache in Güte abmachen.«

Der Räuber schien zufrieden zu warten, doch während der verstrichenen Zeit hatte der Priester flugs das Banngebet gesprochen.
~~~

»Taugenichts«, donnerte der nun den verblüfften Räuber an, »hier bleibst du stehen, bis ich den Bann löse!«

Tatsächlich stand der Räuber festgebannt an Ort und Stelle. Der Priester eilte dem Spital zu und kaum dort angelangt, fiel er in Ohnmacht. Als er wieder zur Besinnung gekommen war, erzählte er von dem Vorfall.

»Um Gottes Willen, so eilt morgen vor Sonnenaufgang hin«, sprach sein Mitbruder, »und macht das Kreuz über den Unglücklichen, sonst ist er mit Leib und Seele dem Teufel verfallen.«

Der Priester tat wie geheißen und der Räuber war vom Bann erlöst. Wäre der Priester erst nach Sonnenaufgang hingegangen, so hätten seine Worte keine Wirkung mehr gehabt und der Teufel hätte den Räuber geholt.

Zu Risiken und Nebenwirkungen lesen Sie bitte die Packungsbeilage und fragen Sie Ihren Bischof oder Papst

Der festgebannte Jüngling

In Hostert bei Niederanwen war vor vielen Jahrhunderten einem Jüngling die Lossprechung nach der Beichte verweigert worden. Er beschloss, dem Pastor im Wald aufzulauern und ihn aus Rache zu erschlagen. Als dieser nun durch den Wald ging, stürzte sich der Jüngling auf ihn, musste aber plötzlich stehen bleiben – weil der Geistliche ihm schnell zugerufen hatte:

»Bleib' stehen, bis ich zu Hause bin!«

Der Pastor setzte ungehindert seinen Weg fort. Am nächsten Morgen schickte er einen Diakon in den Wald, der den Jüngling erlösen und nach Hause schicken sollte. Aber der Festgebannte stand da und war kohlrabenschwarz. Die Sonnenstrahlen hatten ihren Schein auf ihn geworfen und er war zum Teufel geworden – so, wie es jedem Festgebannten ergeht, sobald die Morgensonne auf ihn scheint.

Es machte sogar den Deutschen Angst
Das Syrener Tier

Am Weg von Syren nach Contern erhob sich über den Trümmern eines alten Römerwegs das altersgraue Syrener Kreuz. Es galt von jeher als unvorsichtig, sich nach der Dämmerung diesem Kreuz zu nähern. Dort ging um Mitternacht ein Ungeheuer um, das in der ganzen Gegend unter dem Namen Syrener Tier bekannt war. Es erschien in den mannigfaltigsten Gestalten und spielte den Vorübergehenden die tollsten und bösartigsten Streiche.

~~~

Anfang des 19. Jahrhunderts wollten die deutschen Soldaten, als die Franzosen in der Festung Luxemburg belagert wurden, nicht mehr beim Syrener Kreuz Wache stehen – und zwar aus Furcht vor dem Syrener Tier.

~~~

Manchmal sahen die Leute, die nachts dort vorbeigingen, eine viereckige, glühende Scheibe mitten im Weg liegen. Diese Scheibe stieg dann allmählich in die Höhe, so hoch wie man nur schauen konnte, wurde dabei immer größer und größer und erfüllte zuletzt den ganzen Himmel mit Feuer und Flammen.

~~~

Von Zeit zu Zeit begegneten einsame Wanderer dort einem feurigen Ross, das in einiger Entfernung neben ihnen herzugehen schien. Es hatte zuerst nur die Gestalt eines Füllens, allmählich aber nahm es die Gestalt eines völlig ausgewachsenen Pferdes an – und wurde immer noch größer und größer.

~~~

Zuweilen hielt sich auch ein feuriger Fuchs dort auf, der böse Possen trieb und den Ort in einen sehr üblen Ruf brachte.

~~~

Ein anderes Mal ging das Gespenst als Schaf um. Noch öfter aber ließ es sich unter der Hülle eines Ferkels erblicken, das sieben Wochen alt zu sein schien.

~~~

Sehr häufig trat dieser Geist in der Gestalt eines Mannes auf, der »op Rulent« zuging und bei jedem Schritt größer wurde, bis er zuletzt wie eine hohe Pappel aussah.

~~~

Am öftesten aber kam er als schwarzer Pudel. Manchmal sprang dieser Pudel plötzlich hinter dem Kreuz hervor, den Leuten mitten in den Weg. Dann lief er, wie in der Luft schwebend, vor den Leuten her, bis er endlich in Nacht und Nebel verschwand.

Andere Male lag er dicht vor den Füßen des Wanderers im Weg, wälzte sich hin und her und wurde dabei immer größer, sodass er zuletzt den ganzen Weg versperrte.

In wieder anderen Nächten erwartete er – dicht neben dem Kreuz stehend – geduldig die Vorübergehenden und begleitete sie, vor oder neben ihnen herlaufend, bis dicht an den Eingang von Contern, wo er dann mit einer derben Ohrfeige seinen Abschied nahm.

~~~

Nicht selten auch belästigte dieser tückische Geist die Leute nachts, indem er sich ihnen unsichtbar auf den Rücken pflanzte. Eine Magd aus dem Schockeshaus in Contern kehrte einst nachts – mit einer Hotte Äpfel beladen und von einer anderen Frau begleitet – von Syren nach Contern zurück. Als beide beim Syrener Kreuz angekommen waren, saß plötzlich das Gespenst auf dem Rücken des armen Mädchens und drückte es derart nieder, dass es von seiner Begleiterin nach Hause geschleppt werden musste. Infolge des Schreckens und der Ermattung erkrankte es bald danach – und starb kurze Zeit später.

~~~

Ähnliches widerfuhr auch Herrn Steines aus Contern. Einst in später Nacht aus Syren nach Contern zurückkehrend, kam er am Syrener Kreuz vorbei. Plötzlich drückte ihn eine ungeheuer schwere Last nieder. Es war das Gespenst, das sich ihm auf den Rücken gesetzt hatte. So ließ es sich von ihm tragen bis zu dem am Eingang des Dorfes Contern gelegenen Huemesgarten. Dort angekommen, rief der ermüdete Steines entrüstet aus:

»Hau' ab, du Syrener Luder, du hast mich lange genug geplagt!«

Im selben Augenblick erhielt er von unsichtbarer Hand einen so derben Schlag ins Gesicht, dass ihm Mund und Nase bluteten. Dabei rollte es ihm wie ein Fass von dem Rücken herunter und er war endlich von dem Spuk befreit.
~~~

Diebstahl lohnt sich nicht

Der Kartäuserpriester

Vor mehr als dreihundert Jahren diente ein Mann aus Greiweldingen im Karthäuserkloster bei Trier. Eines Tages fuhr er mit einem Klosterherrn über Land, um den Zehnten einzutreiben. Als sie oberhalb von Karthaus über eine Brücke mussten, standen dort zwei Räuber, die Anstalten machten, über sie herzufallen.

»Herr«, rief der erschrockene Kutscher, »da stehen zwei Räuber!«

»Lass' sie stehen und fahr nur zu!«, sagte der Geistliche. Der Kutscher gehorchte, die beiden Räuber aber rührten sich nicht, denn sie waren festgebannt.

Als am Abend der Kutscher beschäftigt war, die Pferde zu füttern, trat der Priester zu ihm:

»Johann, sollen wir die beiden dahinten wieder gehen lassen?«

»Oh«, rief dieser, »stehen die noch da? Dann sind sie doch bestimmt schon erstarrt.«

Es war nämlich ein kalter Wintertag.

»Gewiss«, erwiderte der Klosterherr, »die stehen noch immer an derselben Stelle – als seien sie festgefroren.«

»Pater Kalbshund, mit wem habe ich das Vergnügen?«

Der kopflose Pater zu Kopstal

In Kopstal ging im »Remeschgrund« – bei Görgenkreuz – allnächtlich ein Pater ohne Kopf um. Noch heute soll man dort nachts manchmal einem Kalb oder auch zuweilen einem schwarzen Hund begegnen.

5.
Sagen und Legenden vom Teufel und von Jungfrauen

Luxemburger Geister-Origami

Die papierne Jungfrau bei Giwenich

In einer kleinen Wiese zwischen Mompach und Giwenich wurde ehemals ein papierenes Frauenzimmer gesehen, welches bald langsam auf und ab ging, bald mit großem Getöse durch die Lüfte sauste.

Drei Mädchen aus Giwenich gingen einst nach Mompach. Sie bekamen das Papiergespenst auf dem Heimweg zu sehen. Sie gingen nach Hause, als der Abend hereinbrach und nahmen, da es gutes Wetter und der Weg sauber war, den kürzeren Wiesenpfad. Ohne an etwas Böses zu denken, gingen sie nebeneinander, als sie auf einmal seitwärts etwas rascheln hörten, wie wenn jemand Papier zerknittere.

Als sie sich umsahen, erblickten sie eine hohe, weiße Gestalt, die auf sie zuschritt. Alle drei gaben sich nun ans Laufen, um baldmöglichst ihr Zuhause zu erreichen. Doch das Gespenst verfolgte sie. Als sie die Ortschaft Giwenich beinahe erreicht hatten, war das Gespenst dicht hinter ihnen, worauf eines der Mädchen heftig um Hilfe zu schreien begann. Sogleich machte das Gespenst kehrt und verfolgte sie nicht weiter.

»Ich hätte gern, was die haben.«

Das weiße Fräulein zu Zessingen

In Riesesch-Haus zu Zessingen saßen eines Abends die Knechte und Tagelöhner auf der Siedel zusammen und plauderten. Plötzlich stand dicht vor ihnen ein wunderschönes Fräulein, deren lange, goldene Locken weit über ihren Rücken herab wallten. Nachdem sie am Gussstein Wasser geschöpft hatte, begann sie sich zu waschen, gleich als ob sie eben vom Schlaf erwacht sei. Darauf zog sie unter den Falten ihres schneeweißen Mantels einen silbernen Kamm hervor, kämmte und ordnete das Haar und wand die lang geflochtenen Zöpfe zierlich um den Kopf. Sodann verschwand die seltsame Erscheinung durch die Gusssteinrinne und wurde nie wieder gesehen.

Von Projekt zu Projektion

Die weiße Frau zu Ansemburg

In der Nähe der Muttergotteskapelle auf dem Marienberg zu Ansemburg wurde mehrmals eine große, weißgekleidete Frau gesehen. Manchmal von einer Dienerin begleitet, ging sie dort auf und ab und seufzte. Außerdem sei sie wiederholt mehreren Kindern begegnet. Traurig und gesenkten Hauptes sei sie an ihnen vorübergegangen, ohne dieselben anzureden. Man hält die weiße Frau für die Gründerin der Kapelle.

~~~

Als zu Anfang des 19. Jahrhunderts einst eine Jagdgesellschaft des Grafen von Ansemburg spät in der Nacht an der Muttergotteskapelle des Marienbergs vorüberzog, sah man plötzlich eine Frau in reicher, aber altmodischer Tracht, die dem Zug ungefähr fünfzig Schritte weit folgte und dann verschwand.

Während man nachher am fröhlichen Mahl im Rittersaal saß, dessen Wände die Bildnisse der alten Besitzer Ansemburgs zierten, fiel zufällig der Blick einer der Gäste auf ein Frauenporträt, das eine auffallende Ähnlichkeit mit jener Frau im Wald hatte. Man nahm das Bildnis herab und las auf der Rückseite: Marianna von Bidart, gestorben 1741 – und es bestand für die Gesellschaft kein Zweifel mehr, dass die Erbauerin der Waldkapelle nachts erscheine, um ihr Heiligtum zu schützen.

Vermächtnisse von Kaiser Napoleon?

Die weiße Frau bei Vianden

In dem dicht bei Vianden gelegenen »Poarbrêtchen« – einem Wald rechts vom Weg, der zum Bildchen führt – liegt das »Bunepârtsgärtchen« und neben demselben der »Bunepârtsweiher«. An dieser Stelle soll das Fräulein von Falkenstein als weiße Frau umgehen. Dasselbe Fräulein fuhr oft um Mitternacht auf dem Vianden gegenüberliegenden Rupertsberg in einem mit vier Schimmeln bespannten Wagen in rasendem Galopp den Abhang hinunter.
~~~

Tanzstunde

Die drei Jungfrauen bei Niederbesslingen (Ulflingen, Ëlwen, Troisvierges)

Der deutsche Name Ulflingen, wie auch der luxemburgische oder Ëlwen leiten sich von Ulf, oder Elf ab, was Elfen bedeutet. Seit jeher berichten Sagen von der Gründung der Ortschaft durch Elfen. Ihr ergebener Autor hat zahlreiche Andeutungen an die Gründung Ulflingens durch Elfen gefunden – doch eine handfeste, überlieferte Sage ist ihm leider nicht untergekommen.

Aber woher kommt der französische Namen Troisvierges? Sowohl griechische als auch römische Mythologie kennt die Moiren (Schicksalsgöttinnen) Klotho, Lachesis und Atropos, welche nach der Überlieferung allen Menschen ihren Anteil am Leben zuteilen.
Moderne Forschung hält es allerdings für wahrscheinlicher, dass sich in Ulflingen und Umgebung der Dreigöttinnenkult keltischer Treverer (Matres Treverae oder Matronae Treverae) sehr lange Zeit gehalten hat. Es war ein kelto-germanischer Kult, der besonders in der gallorömischen Epoche Hochkonjunktur hatte. Im sechsten Jahrhundert nutzte Papst Gregor die örtliche Tradition geschickt und konvertierte den »Heidenkult« in die Verehrung der drei Heiligen Glaube, Hoffnung und Liebe (fides, spes, et caritas). Christliche Heilige werden mit Unbeflecktheit verbunden und so entstand vermutlich der Ortsname Troisvierges: die drei Jungfrauen.

Unter dem lateinischen Namen Belsonancum wird Besslingen in einer merowingischen Schrift aus dem Jahre 585 als königliche Niederlassung erwähnt. Seit dem 14. Jahrhundert kennt man in öffentlichen Dokumenten bereits die Orte Ober- und Niederbesslingen.

Ungefähr eine Viertelstunde von Niederbesslingen entfernt, befindet sich an der Straße nach Ulflingen im Wiesentälchen »Hopertsbirchen« ein Weiher. In dessen Nähe soll es abends nicht geheuer sein. Dort erscheinen allnächtlich gegen zehn Uhr drei Jungfrauen, verweilen eine Stunde lang am Weiher und verschwinden, nachdem sie einen Tanz aufgeführt haben.

Ein nächtlicher Gruß

Die Sängerin von Useldingen

An einem Augustabend vor einigen Jahrhunderten ging ein Jüngling auf der Landstraße, die durchs Atterttal führt. Es mochte wohl zehn Uhr sein, als er in Everlingen ankam. Da tönte plötzlich von der gegenüberliegenden Anhöhe ein wundervoller Gesang zu ihm herüber.

Langsam schritt er voran und horchte mit Staunen auf. Immer reicher schwoll die süße Melodie an des Jünglings Ohr, der sich auf einem Stein niederließ, um dem Gesang zu lauschen. Plötzlich sah er im hellen Mondschein aus dem Gebüsch eine wunderschöne Gestalt hervorschweben. Ein schneeweißes Gewand umhüllte die schlanke Frau, dessen rabenschwarze, im Abendwinde flatternde Locken weit über die Schultern herabfielen.

Von neuem erklang der Jungfrau süßer Gesang, aber diesmal drangen tiefe Seufzer aus ihrem Herzen hervor. Die leichte Gestalt schwebte beim Klingelbur über die Attert und langsam an dem Jüngling vorüber. Dieser hörte kein Rauschen der Kleider, sondern nur mehr die letzten, leisen Worte, die auf ihren Lippen zu ersterben schienen. Sie flog über die Straße und durch eine dichte Hecke. Der Jüngling blickte ihr nach, sah aber bald nur mehr ein kleines, linnenes Tüchlein an der Hecke hängen.

Frau singt im Akkord

Die singende Frau bei Trintingen

Vor vielen Jahren ging am frühen Morgen ein Knabe zu seinem Lehrer, um Unterricht zu nehmen. An des Lehrers Wohnung angekommen, hörte er plötzlich im nahen Wald »Weiherchen« eine wundervoll liebliche Frauenstimme in herrlichen Akkorden singen. Er rief den Lehrer und machte ihn darauf aufmerksam – aber dieser konnte nichts hören.

Sie sucht nach Ehre

Das weiße Fräulein zu Burscheid

Die Leute von Burscheid erzählten, auf den dortigen Schlossruinen gehe nachts ein weiß gekleidetes Burgfräulein um.

Ein nächtlicher Ausgang

Die drei Jungfrauen am Spomer Weiher

Am Spomer Weiher, der früher zwischen Holler und Weiswampach auf dem sogenannten »Hölzchen« lag, wurden in der Nacht von Wanderern öfter langgezogene Klagelaute und Seufzer gehört. Diejenigen machten sich gewöhnlich schnell davon, weil diese Gegend in üblem Ruf stand und sie deshalb nichts Gutes ahnten.

~~~

Einst beschlossen einige beherzte Männer, sich nachts zum Spomer Weiher zu begeben, um zu erfahren, welche Bewandtnis es mit diesen Klagelauten habe. Lange hatten sie in heller Sommernacht schweigend gelauscht und schon wollten sie sich zurückziehen, in ihrer Erwartung enttäuscht.

Auf einmal erscholl vom gegenüberliegenden Ufer her ein langer, tiefer Laut. Die Männer hielten den Atem an und horchten. Da ertönte wieder derselbe Laut. Ihre Aufregung wuchs. Dann erklang zum dritten Mal ein dumpfes Stöhnen – und dann gewahrten sie am Ufer drei Frauengestalten, welche wie aus dem Weiher aufgetaucht waren.

Nun begannen die Gestalten einen Rundgang um den Weiher und ließen ihre Klagen und Seufzer ertönen. Hinter ihnen blinkte ein glänzender Lichtstreifen, der sich desto länger hinzog, je mehr sie voranschritten. Als sie auf die Männer zukamen, wollten diese sich zurückziehen und sich im Gesträuch verbergen. Dabei stolperte einer und bei dem dadurch entstandenen Geräusch verschwanden die Gestalten plötzlich. Allmählich erlosch auch der Lichtstreifen. Lange noch warteten die Männer – aber die Frauen ließen sich nicht wieder sehen.
~~~

An der Forzel

Die drei Jungfrauen bei Wilwerwiltz

Auf dem Weg von Wilwerwiltz nach Enscherange (früher auch: Enscheringen), im Ort genannt »an der Forzel«, gehen zuweilen nachts drei schöne, prachtvoll bekleidete Jungfrauen um. Noch im späten 19. Jahrhundert begegnete denselben ein Mann, der hier vorbeikam. Ohne ein Wort zu sprechen, gingen sie an ihm vorüber.

Wer hat Angst vor der weißen Frau?

Das Schlärmrechen (Schleiermariechen)

Zwei Brüder aus Wormeldingen machten sich eines Abends auf, um in den Gostinger Wald zu gehen. Als sie ungefähr die Hälfte des Wegs zurückgelegt hatten, begegnete ihnen eine Frau in schneeweißem Anzug, das Gesicht mit einem dichten Schleier verhüllt.

Als die Männer diese sonderbare Erscheinung sahen, machten sie halt. Das Schlärmrechen trat nun an sie heran, hielt ihnen einen schweren Rosenkranz vor die Augen und fragte sie mit schauerlich-hohler Stimme nach der Kreuzwoche.

Die beiden erfasste eine Panik, sodass sie kopfüber dem Dorf zustürzten. Schlärmrechen war ihnen dicht auf den Fersen. Kaum hatten sie die Tür des Hauses hinter sich zugeworfen, als von außen ein so wuchtiger Schlag dagegen krachte, dass das ganze Haus erzitterte.

~~~

Schlärmrechen wurde später noch oft auf dem Weg zwischen Wormeldingen und Niederdonwen gesehen. Obschon sie niemals jemandem ein Leid zufügte, wagte es doch lange Zeit keiner, diesen Weg bei vorgerückter Nachtstunde zu gehen.
~~~

»Gold und Silber lieb' ich sehr – und muss nun abtauchen.«

Das Schierener Bräutchen

Unterhalb Moersdorf an der Sauer dehnen sich die Schierener Wiese und der Kahlenberg aus. Dazwischen fließt ein Bächlein. Der Kahlenberg besteht aus kahlen Felsmassen, die sich an der vorbeifließenden Sauer hinziehen. Bei hohem Wasserstand brechen sich an diesem Gestein die schäumenden Wogen mit lautem Getöse.

An dieser Stelle sollte einst eine Prinzessin mit ihrem Bräutigam über die Sauer setzen, die damals hoch angeschwollen war. Schon unweit des Ufers wurde das mit Schätzen reich beladene Boot vom Wasser ergriffen, gleich einer Nussschale von Wind und Wogen umhergetrieben und versank dann in den Tiefen des Flusses.

Es sei eine Strafe Gottes gewesen; denn die Prinzessin habe während der Fahrt weder an Gott noch an ihren Gemahl gedacht, sondern ihr Auge an dem Glanz des Goldes geweidet. In ihrem Herzen sei außerdem schon längst ein Plan der Untreue gereift. Am Tage ihrer Verlobung habe diese Strafe sie ereilt. Von dieser Zeit an muss sie ewig in den Felsen, auf der Wiese und auf der Sauer als Geist umgehen.

~~~

In den Felsen erschien sie gewöhnlich um die Geisterstunde, in einer feuerroten Kutsche sitzend. Sie hielt in ihren Händen Zügel, mit denen sie rabenschwarze Rosse lenkte. Unter Seufzen und Wehklagen eilte sie dahin, zuweilen einen Klageruf ausstoßend – so schaurig, dass der Wald davon widerhallte und den Wanderer kaltes Grausen packte.

~~~

In der Wiese ging sie als Braut um und trug dabei einen langen, glänzenden Schleier. Sie belauschte die Wanderer und suchte nach ihrem Gemahl.

~~~

Auch auf der Sauer hatten die Fischer die Braut gesehen, wie sie ihre Haare kämmte und ihre Kleider wusch. Um Mitternacht vernahmen sie ein Gepolter, als wäre die ganze Sauer in Aufruhr. Dann suche das Schierener Bräutchen nach dem Schiffchen und den Schätzen, sagten sie.

~~~

Einst kehrten fromme Pilger, die zur Echternacher Springprozession gegangen waren, in stiller Nacht auf ihrem Boot nach Wasserbillig zurück. Als sie unterhalb Moersdorf an der Schierener Wiese vorbeikamen, bemerkten sie plötzlich im Mondschein eine große Gestalt in blendend weißem Gewand, die ihre lang herabwallenden Locken eben geordnet hatte.

Einer der Pilger wagte es, der Gestalt zuzurufen, sie möchte ins Schifflein kommen. Da trat sie tatsächlich ans Ufer und schien auf der Oberfläche des Wassers zu wandeln. So folgte sie lange lautlos dem Boot. Nun wollte der Rufer den Kahn dem Ufer zulenken, aber die übrigen verwehrten es ihm und meinten, er solle lieber zu der Gestalt ans Ufer schwimmen.

Das wollte der kecke Pilger nun doch nicht. Plötzlich erhob sich ein Brausen und Getöse in der Sauer, dass die Pilger ängstlich beteten. Immer noch schwebte die Gestalt mit dem Schifflein dahin bis in die Gegend von Langsur. Dort wendete sie, wandelte die Weinberge hinauf, schlug einen herrlichen, hellen Kreis und war den Augen der Pilger entschwunden.

~~~

So hat manch später Wanderer sie den Berg hinunter in die Schierener Wiese kommen sehen. Schweigend ging sie dann neben ihm her – und verschwand plötzlich.

~~~

Schon viele Male wurde das Schierener Bräutchen gesehen. So sah sie einmal ein Graf von B., als er in seiner Kutsche vorbeigefahren kam. An der Stelle, wo sie sich in die Sauer zu stürzen pflegte, machten die Pferde auf einmal halt und waren nicht mehr voranzubringen.

Da sah der Graf die weiße Gestalt des Schierener Bräutchens den Berg herabkommen, die Straße überschreiten und sich ins Wasser stürzen, worauf die Pferde zu schnauben begannen und Reißaus nahmen. Der auf dem Bock sitzende Kutscher hatte nichts gesehen.

~~~

Eine ähnliche Erscheinung begegnete einem Fuhrmann an dieser Stelle. Seine Pferde blieben plötzlich stehen und waren nicht mehr vorwärtszubringen. Dies währte einige Augenblicke, dann erfolgte ein heftiger Plumps in der Sauer, worauf die Wasser dort
~~~

zusammenschlugen. Nun begannen die Pferde zu laufen, als ob sie wahnsinnig wären. Er meinte, es war nichts anderes als das Schierener Bräutchen, welches sich in den Fluss gestürzt hatte. Von der Erscheinung selbst aber hatte der Mann nichts gesehen, sondern nur den Fall ins Wasser vernommen.

~~~

Vor einigen Jahren ging ein Jüngling von Born nach Wasserbillig, wo er Verwandte hatte. Er war fremd in der Gegend und hatte nie ein Wort vom Schierener Bräutchen gehört. Als er fast an die Stelle des Weges kam, wo sie sich den Vorübergehenden zu zeigen pflegte, sah er nicht weit von sich eine weiße Gestalt daherwandeln. Er glaubte, es sei eine Person, welche sich ebenfalls nach Wasserbillig begebe und auf Gesellschaft hoffend, rief er derselben zu, sie solle warten, sie würden den Weg zusammen machen.

Die weiße Frau blieb auch wirklich stehen und wartete auf den Kommenden. Als er aber zu ihr herangetreten war und mit ihr zu sprechen begann, redete sie kein Wort und es begann dem jungen Mann unheimlich zu werden. Die ganze Erscheinung kam ihm höchst rätselhaft und gespenstisch vor und er beschleunigte seinen Gang, um aus ihrem Bereich zu kommen.

Vergebens! Die weiße Frau ging immer neben ihm, bis nach Wasserbillig, wo sie auf einmal verschwand. Kreidebleich kam der Jüngling bei seinen Verwandten an und sank ohnmächtig auf der Türschwelle nieder. Als er wieder zur Besinnung gekommen war, erfuhr er, dass er das Schierener Bräutchen gesehen hatte.

~~~

Ein Schäfer, der in der Gegend Schafe hütete, bekam das Bräutchen ebenfalls zu sehen.

~~~

Auch auf dem »Heerendriésch« im Wald zwischen Mompach und Wasserbillig wurde die Erscheinung gesehen, wie sie dasaß und damit beschäftigt war, ihre Haare zu flechten.

~~~

Wenn in früheren Zeiten die Knechte des Nachts auf dem Felde bei ihren Pferden weilten, sich niederlegten und die Pferdedecken über sich zogen, um eine Stunde Ruhe zu haben, nahm ihnen das Schierener Bräutchen manchmal während des Schlafs die Decke weg und verbarg sie an einem Ort, wo sie schwer wiederzufinden war.

~~~
~~~

In der Mitte des 19. Jahrhunderts soll das Schierener Bräutchen angeblich durch einen jungen Mann aus dem Preußischen erlöst worden sein. Er wollte von Wasserbillig nach Mompach und in die umliegenden Ortschaften gehen, um sich Arbeit zu suchen.

Ehe er auf den »Heerendriésch« kam, musste er an einer mächtigen Eiche vorbei, unter der die Feldarbeiter oft ihre Mittagsruhe hielten. Dort sah er eine liebliche Jungfrau sitzen, die ein zierliches Körbchen neben sich stehen hatte. Er grüßte, doch sie sagte nichts. Nun fragte er sie, ob sie mit ihm gehen wolle. Wieder keine Antwort. Weil der junge Mann aber immer noch vermutete, auch sie gehe nach Arbeit suchen, sprach er:

»Wenn Ihr nach einem Dienst sucht, so kommt mit mir, denn auch ich bin deshalb auf der Wanderschaft!«

Als er auch diesmal keine Antwort erhielt, sprach er:

»Wenn Ihr nicht antworten wollt, so will ich meiner Wege gehen.«

Dann ging er und auch die Jungfrau erhob sich und ging mit bis zum »Heerendriésch«. Dort drehte sich der Jüngling noch einmal um und fragte nach ihrem Begehren.

»Dreimal nach Girst, einmal nach Klausen und eine Messe zu Girst«, war ihre Antwort – und dann war sie verschwunden.

Nun erkannte der junge Mann, dass es eine arme Seele war, die ihrer Erlösung harrte. Er pilgerte dreimal nach Girst und einmal nach Eberhardsklausen (heute: Wallfahrtsort Klausen/Mosel). Dann ließ der Mann in Girst eine Heilige Messe lesen. Während der Heiligen Messe soll hinter dem Altar eine weiße Taube aufgestiegen und gen Himmel geflogen sein. Das hielt man für das Zeichen, dass das Schierener Bräutchen erlöst sei.

Die Luxemburger Elisabeth

Die Jungfrau vom Johannisberg

Vor vielen Jahrhunderten stand auf dem Johannisberg ein Götzenbild, das man Janny nannte. Später erhob sich dort eine Feste, welche den Burgen von Zolver und Hesperingen mit einem Licht gute Nacht sagte. Von dieser Burg, die einst der Hauptschild der Stadt Luxemburg gegen Frankreich war, sind nur noch spärliche Trümmer vorhanden. Auf dem waldigen Scheitel des Berges steht eine einsame Wallfahrtskirche, die Johannes dem Täufer geweiht ist. An diesen Berg knüpft sich die bekannte Sage von einer verwünschten Jungfer, welche der letzte Abkömmling des Rittergeschlechtes vom Johannisberg gewesen sein soll.

Elisabeth von Hunolstein wurde an einen Herrn von Wendel aus Reims vermählt und ist daher auch unter dem Namen Frau von Wendel bekannt. Sie verließ das Schloss ihrer Väter, um dem Gemahl nach Frankreich zu folgen. Ihre Ehe wurde mit einem Söhnchen gesegnet, war aber nicht glücklich. Die Edelfrau musste von ihrem Mann flüchten und kehrte in ihre heimatliche Burg auf dem Johannisberg zurück. Dort lebte sie von nun an in strenger, fast klösterlicher Verborgenheit.

Kein einziger Bewohner der umliegenden Dörfer hatte während dieser Zeit die Ehre, mit Frau von Wendel in nähere Berührung zu treten. Das Volk lernte nichts von ihr kennen als ihre Leiden und Wohltaten. In den Augen der Leute stand sie gleich einem höheren, heiligen Wesen da. Von ihrem Gatten verlassen und verstoßen, war es ihr einziger Trost, die Not der Unglücklichen zu lindern und für das in der Nähe der Burg gelegene Heiligtum des Heiligen Johannes zu sorgen, das unter ihrer Pflege in höchster Blüte stand.

So verborgen, wie sie stets gelebt hatte, starb sie auch und wurde oben auf dem Gipfel des Bergs in der Gruft ihrer Ahnen begraben. Noch lange zeigte man ihr Grab an der hinteren, zur Seite des Scherrtals gelegenen Außenecke der Bergkirche. Sie war bereits mehrere Tage begraben, als die Leute die Nachricht von ihrem Tode erfuhren. Das Volk war untröstlich und wollte es nicht glauben. Weil niemand die schwer geprüfte Frau näher kannte und weil sie nach einem verborgenen Leben so plötzlich und geheimnisvoll verschwand, verbreitete sich bald die Meinung, sie sei verwünscht worden.

»Nein«, rief man, »sie ist nicht gestorben, sie lebt noch. Sie ist in den Berg hinein verwünscht worden und wird einst wiederkommen!«

Bald darauf wurde auch die Johannisburg von den Franzosen zerstört und nun hatte das gute Volk alles verloren: die Herrschaft und die Burg.

Es kamen traurige Jahre und das Volk sehnte sich mit ganzer Seele nach den guten, alten Zeiten und nach den verlorenen Gütern zurück. Es tröstete sich mit der Hoffnung, das edle Fräulein werde eines Tages wieder aus ihrem Bann erlöst und dann mit

der Burg, mit allen ihren Schätzen und mit der ganzen alten Herrlichkeit des Berges zurückkehren und ihr Volk wieder glücklich machen.
So lebt die Jungfer noch heute im Schoß des Johannisberges. Ort ihres Aufenthalts sei das alte, moosige Gemäuer, über welchem sich die Wallfahrtskirche erhebt. Dort sitze sie, auf Erlösung wartend, bleich, mit gesenktem Haupt, auf einem mit Gold gefüllten Schrein.

Nach einer anderen Überlieferung soll sie in Gestalt einer glühenden Schlange auf dem Schrein liegen und einen goldenen Schlüssel im Maul halten.

~~~

Alle sieben Jahre erscheint die Jungfer zur Zeit des Maihöhens: schneeweiß gekleidet und mit gelöstem, verworrenem Haar. Sie zeigt sich auf der Scherr, am »Schenkbur«. Nachdem sie sich an der Quelle gewaschen und ihre Locken gekämmt hat, sitzt sie wehklagend am Rand derselben und fleht alle vorübergehenden Jünglinge um Erlösung an. Diese Stelle gilt als die unheimlichste von allen, die sich in der Nähe des Johannisberges befinden.

~~~

Nach einem anderen Bericht soll die Erscheinung auch an dem fast vertrockneten Grantebur umgehen, der am zur Budersberger Seite hin gelegenen Granteberg entspringt und dort einst einen nicht unbedeutenden Teich bildete, den man Seetgen nannte.

Zuweilen sitzt sie auch auf dem einen oder anderen der dicken Steine, die vor der Tür der Kirche liegen und ist damit beschäftigt, ihre Locken zu kämmen und zu flechten.

~~~

Die Jungfer zu erlösen sei ein sehr schweres Werk, weil sie dabei ihre Gestalt verwandelt, sowie Feuer und Flammen speie. Findet sich nämlich ein Erlöser ein, so erscheint sie in der folgenden Mitternacht auf dem Gipfel des Bergs über dem Grab der Edelfrau von Wendel – und zwar in Gestalt einer feurigen Schlange, die zusammengerollt auf einem mit Gold gefüllten Schrein liegt und einen goldenen Schlüssel im Mund trägt.

Besitze jemand den Mut, diesen Schlüssel mit seinem eigenen Mund aus dem Mund der feuer- und flammenspeienden Schlange zu ziehen, so sei der Zauber gebrochen, die Jungfer erlöst und sie gehöre ihrem Befreier als Braut – mit allen Schätzen, die im Schrein liegen.

~~~

Ein Jüngling aus Budersberg ging einst des Nachts am Seetgen vorüber und begegnete dort einer schönen Jungfrau. Er grüßte sie ehrfurchtsvoll. Da sprach sie ihn an. Sie sei die verwünschte Jungfer vom Berg und bat ihn flehend, er möge sie doch erlösen.

»Wie soll ich denn das anfangen?«, fragte der Jüngling.

Und die Jungfrau erwiderte:

»Ich erscheine um Mitternacht oben auf dem Berg über dem Grab der Edelfrau, in Gestalt einer Schlange, die, mit einem goldenen Schlüssel im Mund, auf einem Schrein liegt. Wenn du mir dann beherzt mit deinem Mund den Schlüssel aus meinem Mund nimmst, so bin ich erlöst. Ich werde deine Braut und du wirst alle Schätze erben, die im Schrein liegen.«

Der Jüngling versprach es. Nachdem er gebeichtet und das Heilige Abendmahl empfangen hatte, begab er sich um Mitternacht auf den Johannisberg. Die Jungfrau erschien, wie sie es vorhergesagt hatte. Als aber der Jüngling sich bückte, um der Schlange den Schlüssel abzunehmen, wurde diese größer und größer. Sie war zuletzt so groß wie ein Fuderfass. Da sprang der Jüngling erschrocken auf und rief:

»Ach, Herr Jesus, wäre ich doch wieder zu Hause!«

Sogleich verwandelte sich die Schlange in eine Jungfrau. Sie stand auf dem Schrein und rief mit durchdringender Stimme:

»Muss ich denn nun wieder sieben Jahre warten, bis sich noch einmal die Gelegenheit zu meiner Erlösung bietet?«

~~~

Ähnliche Abenteuer erlebte einst ein Mann aus Budersberg, der sich zur Nachtzeit auf den Johannisberg begeben hatte, um Holz zu sammeln. Auch er begegnete der Jungfrau, die ihn um Erlösung anflehte.

Als er eben beginnen wollte, den Zauber wie von der Jungfrau beschrieben zu brechen, öffnete die Schlange ihren glühenden Mund und begann, wütend zu züngeln und Feuer und Flammen auszuspeien. Das kam unerwartet, denn auf diesen schrecklichen Umstand hatte die Jungfer den Mann wegen des Mangels an Zeit nicht aufmerksam machen können.

Von jähem Schrecken befallen, eilte der Mann in wilder Flucht den Berg hinunter, stürzte atemlos in seine Wohnung und kaum hatte er die Tür hastig hinter sich zuge-
~~~

worfen, brach er ohnmächtig zusammen. Doch seine Frau vernahm, wie es heftig an die Tür pochte und eine Frauenstimme mit herzzerreißendem Ton die Worte rief:

»O weh! o weh! o weh! In sieben Jahren nit meh!
Dazu noch sink ich tiefer! Wohl sieben Klafter tiefer!«

Das Gespenst war dem Mann als Schlange bis an die Tür des Hauses gefolgt, wo es wieder die Gestalt einer Jungfrau annahm. Die Spuren der pochenden Hand waren noch am Morgen an der Tür sichtbar. Von dieser Zeit an wusste man nun, dass die Jungfer vom Johannisberg nur alle sieben Jahre erlöst werden kann.

~~~

So kam es, dass fast keiner von denen, die in der Nähe des Johannisberges geboren und aufgewachsen sind, ihn nachts zu besteigen wagt. Schon bei Sonnenuntergang verlassen die Leute, vom Schauder ergriffen, den einsamen Hain, der seinen Scheitel bedeckt. Im Scherrtal reicht bei Nacht ein kleines Geraschel, um auch die Mutigsten in die Flucht zu treiben.

~~~

In Schifflingen wurde vor zweihundert Jahren die Sage von der Jungfer vom Johannisberg auf folgende Weise erzählt:

Am »Schwarzebur« zu Budersberg erschien in grauer Vorzeit, noch vor der Entstehung des Dorfes, die Jungfer vom Johannisberg. Mit verworrenem Haar trat sie um Mitternacht neben dem Born aus dem Schoß des Berges hervor und nachdem sie sich in der Quelle gewaschen und ihre Haare gekämmt und geflochten hatte, setzte sie sich am Rand derselben nieder und fing, die Hände ringend, mit herzzerreißender Stimme an zu rufen:

»Erbarmt Euch meiner! Erlöst mich, erlöst mich!«

Nur derjenige, dem es gelang, ihr mit seinem Mund einen Schlüssel aus ihrem Mund zu nehmen, konnte die Jungfer erlösen. Dies fertigzubringen war aber ein recht schweres Wagestück, weil sie dabei die Gestalt verwandelte und Feuer und Flammen spie.

Als die Jungfer nun einmal am Schwarzebur saß und jammerte, kam ein Jüngling vorbei, der Mitleid mit ihr hatte. Sie redete ihn an und sprach:

»Willst du mich erlösen, so komm um Mitternacht hierher zu diesem Born. Dann werde ich dir hier mit einem Schlüssel im Mund erscheinen. Nimmst du mir den Schlüssel mit deinen Lippen ab, bin ich erlöst und gehöre dir als Braut mit allen meinen Schätzen.«

Der Jüngling versprach es. Nachdem er reumütig gebeichtet und den Heiligen Leib des Herrn empfangen hatte, begab er sich in der folgenden Mitternacht an den Schwarzebur. Die ganze Pfarrei begleitete ihm mit Kreuz und Fahne. Die Jungfer trat, wie es verabredet worden war, mit einem goldenen Schlüssel im Mund unter dem Berg hervor.

Als ihr nun aber der Jüngling entgegentrat, um ihr den Schlüssel abzunehmen, zeigte sich das Gespenst, wie es wirklich war: Die Jungfer verwandelte sich plötzlich in eine hässliche, feurige Schlange, die einen rotglühenden Schlüssel im Maul hielt und Feuer und Flammen ausspie. Bei diesem unerwarteten Anblick entsetzte sich der Jüngling und ergriff die Flucht.

Tochterwille ist Kälberdreck

Das Goldfrächen bei Consdorf

In der Goldkaul bei Consdorf ging ein feines, in weiße Kleider eingehülltes Frauchen um. In ihrem Mund trug sie einen goldenen Schlüssel zu einem großen Schatz. Sie muss so lange mit dem Schlüssel im Mund erscheinen, bis eine beherzte Person – die von jeder schweren Schuld frei ist – ihr mit ihrem eigenen Mund den Schlüssel abnimmt. Ihr Erlöser erhalte dann alle hinter Schloss und Riegel verwahrten Schätze.

~~~

In dem heute verfallenen Schloss, das in alter Zeit auf Burgkopf bei Consdorf stand, lebte die verwitwete Burgfrau mit ihrer einzigen Tochter. Diese war bösen Gemüts und forderte – noch ehe sie volljährig geworden war und weil sie sich vermählen wollte – ihr Erbteil in klingendem Gold. Mit ihrem ständigen Keifen und Lästern brachte sie die Mutter so weit, dass diese die Tochter samt ihrer Kiste voll Gold verfluchte.

Der Fluch ging in Erfüllung und das Dorf Consbrück versank mitsamt der bösen Tochter. Dort hauste sie nun und wurde von einem Drachen bewacht. Im Vollmond-
~~~

schein entstieg die unglückliche Jungfrau um Mitternacht bei der Goldkaul, schwebte von Baum zu Baum und rief nach Erlösung. Jedoch nur, wer im Stande der Gnade war, durfte es wagen, den Schlüssel der Kiste aus dem Rachen des Drachen zu reißen und so die Jungfrau zu erlösen.

~~~

Eine andere Quelle berichtet, das Goldfrächen sei ein altes Fräulein von Schloss Heringen im Müllerthal, das von ihrer Mutter in einen Felsen, die sogenannte Goldkaul, verwünscht worden war.

Das Goldfrächen trug glänzende Kleider und ihr silbernes Haar reichte bis auf die Hüften. Alle sieben Jahre erschien sie an einem unbestimmten Tag, um erlöst zu werden. Sie hatte eine mit Geld angefüllte Kiste, welche mit einem starken Schloss versehen war. Auf dieser Kiste lauerte eine Schlange mit einem goldenen Schlüssel im Maul. Wenn ein Sonntagskind diesen Schlüssel mit seinem Mund aus dem Maul der Schlange nehme, sei das Goldfrächen erlöst und würde dem Erlöser zum Lohn mit allen Reichtümern als Braut gegeben.

Der Versammlungsleiter

Der feurige Reiter von der Teufelsbrücke bei Lenningen

Auf der sogenannten »Deiwelsbreck« bei Lenningen sah man gegen die Mitternachtsstunde ein kleines, feuriges Männchen, auf einem ebenfalls feurigen Bock dahergeritten kommen. Das Männchen ritt gewöhnlich bis zur Mitte der Brücke und setzte dann mit einem kühnen Sprung in den tiefer gelegenen Hohlweg der Engelsbrücke, wo es dann verschwand.

Das Volk sah in dem verwegenen Reiter den Teufel selbst und glaubte, er komme an diesen Ort, um die mitternächtlichen Versammlungen aller Hexen der Umgegend zu halten.
~~~

6.
Sagen und Legenden von Bergen, Burgen, Schlössern und Seen

Geiz ist geil – bis die Rechnung kommt

Das Bofferdanger Moor bei Oberkerschen

Auf dem Oberkerschener Bann, ungefähr dreihundert Meter von der östlichen Ecke des Gemeindewalds, befindet sich das Bofferdanger Moor. Dessen Flächeninhalt umfasst zwei bis drei Morgen Land und bildet ein längliches Dreieck. Während der nassen Jahreszeit ist es ringsum von Wasser umgeben, aus dem hohes Schilf hervorwächst. Während des Sommers kann man ohne Gefahr dort einhergehen. Man muss sich nur vor einer Stelle hüten, an der sich der tiefe Brunnen des versunkenen Schlosses befinden soll. Die ganze Oberfläche des Morasts ist mit Moos bedeckt, das so fest zusammengewachsen ist, dass man nicht leicht in dem darunter befindlichen Schlamm versinken kann. Das Wasser fließt nach zwei Seiten ab.

Vor vielen Jahren stand dort ein Schloss, dessen Herrschaft wegen ihres Geizes und ihrer Herzlosigkeit gegen arme Leute im ganzen Lande berüchtigt war. Bettler, die sie flehend um ein Almosen baten, wurden mit Hunden hinausgehetzt, sodass es bald kein Hilfsbedürftiger mehr wagte, dort um eine milde Gabe zu flehen.

Eines Tages erschien ein ehrwürdiger Bettelgreis im Schlosshof und bat – hungrig und ermattet auf seinen Stab gelehnt – um ein Almosen. Aber der Hausherr ließ die Hunde auf ihn hetzen. Eine Magd jedoch, die bei diesem grausigen Anblick gerührt wurde, rief die Hunde im letzten Moment zurück. Sie eilte in ihr Kämmerchen und brachte dem Bettler einen Teil ihrer Ersparnisse.

Als dieser das mitleidige Herz der Magd erkannt hatte, bat er sie dringend, das Schloss sofort zu verlassen und ihm zu folgen. Zugleich befahl er ihr, nicht eher hinter sich zu schauen, als bis er stehenbleibe. Nachdem sie eine gute Strecke Weg zurückgelegt hatten, blieb der Greis bei zwei großen Birnbäumen stehen. Nun schaute das Mädchen sich um – aber von dem herrlichen Schloss, das sie eben verlassen hatte, war nichts mehr zu sehen. Es war komplett versunken. Nur der Schornstein ragte aus einem tiefen Wasser hervor.

Eine prächtige goldene Wiege, in der ein kleines Kind lag, schwamm noch eine Weile auf dem Wasser – nach einer Mitteilung sogar acht Tage lang – und versank an der Stelle, wo sich einst der Schlossbrunnen befunden hatte. Als die Magd sich nach ihrem Begleiter umsah, war dieser verschwunden. Sie allein war gerettet, während alle andern Schlossbewohner im Morast einen kläglichen Untergang gefunden hatten.

~~~

Nach anderen Mitteilungen boten sowohl ein Knecht und eine Magd – beide über die Handlungsweise ihres Herrn entrüstet – dem greisen Bettler ihr eigenes Mittagsmahl an. Um ihre Barmherzigkeit nicht unbelohnt zu lassen, befahl dieser dem Knecht, das beste Pferd, und der Magd, die beste Kuh aus dem Stall zu nehmen und ihm zu folgen.

Einige hundert Meter vom Schloss entfernt, sahen sie rückwärts und erblickten vom Schloss nur noch die Türme, welche allmählich ebenfalls im Boden versanken. Der Hahn flog auf die letzte Zinne, tat noch einen letzten Schrei – und verschwunden war auch er.

~~~

Noch viele Jahre später bezeichneten die Kinder der Umgegend verschiedene Stellen, an denen sich Brunnen des versunkenen Schlosses befunden haben sollen.

~~~

Wiederum andere Quellen meinen, dass nur ein Kind in einer goldenen Wiege gerettet wurde und dass seine Nachkommen dort wieder ein Schloss bauen und mächtig würden.

Der jammernde Versunkene

Das versunkene Schloss auf Berend zwischen Hollerich und Leudelingen

Wenn man die Landstraße von Hollerich nach Leudelingen geht, sieht man da, wo die Gemarkungen von Letzterem und von Gasperich aneinanderstoßen, einen besonderen Ort. Diese Stelle wird »auf Berend« genannt und ist eine Bodenvertiefung in Form eines Rechtecks, welche einen Flächeninhalt von einigen Aren haben mag. An dieser Stelle stand vor vielen Jahrhunderten ein Schloss, das durch seine Pracht weit und breit berühmt war. Der Schlossherr hielt eine zahlreiche Dienerschaft, die er jedoch so tyrannisch behandelte, dass diese bald unter den grässlichsten Flüchen und Verwünschungen den Dienst quittierte.
~~~

Doch der Herr achtete nicht auf die Flüche seiner Dienerschaft. Eines Tages brach ein schlimmes Gewitter über die Gegend herein. Der Tag wurde zur Nacht, furchtbare Blitze durchzuckten die Luft und dabei entstand ein Donnern und Krachen, als wolle die Welt aus den Fugen geraten. Als das Gewitter sich verzogen hatte, war das Schloss vom Angesicht der Erde verschwunden. An der Stelle aber, wo das Schloss gestanden hatte, ließ sich unter der Erde ein klägliches Wimmern und Stöhnen vernehmen.

Einzimmerwohnung

Die Felsenhöhle bei Lintgen

In der Nähe von Lintgen, im »ener Beckel« genannten Wald, ragt ein Felsen über die Gipfel der Bäume empor. Man nennt ihn die »Felsleh«. In diesem Felsen befindet sich eine fünf Meter lange, drei Meter breite und drei Meter hohe Grotte, welche von der Natur dermaßen bequem hergerichtet war, dass sie als Wohnung benutzt werden konnte.

Sie soll vor dreihundert Jahren in der Tat der aus Frankreich vertriebenen gräflichen Familie Delvau mehrere Jahre lang als Wohnung gedient haben. Diese Familie führte ein sehr frommes und tugendhaftes Leben, unterstützte Ortsbewohner und Umgegend mit Rat und Tat. Hauptsächlich aber spendete sie den Dürftigen in reichlichem Maße.

Doch eines Tages war ihre Hilfsquelle versiegt und sie waren selbst arm, sogar sehr arm geworden. Merkwürdigerweise verweigerten sie die Annahme jeglicher Unterstützung und lebten kärglich von Baumwurzeln und Feldkräutern, so wie sie ihnen die Natur darbot. Doch dieses Leben sollte nicht lange dauern: Eines Tages wurden Gräfin und Graf ins Jenseits hinübergerufen und man zeigte noch lange die Stelle unter zwei hochstämmigen Buchen, wo das edle, fromme Ehepaar seine letzte Ruhestätte gefunden hatte.

Unter dem Namen Felsfrächen und Felsmännchen halten sie alljährlich in der Nacht vom Samstag auf Pfingstsonntag in dieser Felsgrotte einen Umzug, um dann gegen Mitternacht wieder unter rauschendem Gepolter und Lärm zu verschwinden.

Rodinger Wein, schenk noch mal ein!
Nächtliche Musik auf dem Titelberg

Zu verschiedenen Malen wurde auf dem Titelberg westlich von Niederkorn Musik und Gesang in der Luft vernommen. Als eines Abends der Rodinger Pfarrer über den Titelberg nach Hause gehen wollte, erschallte ebenfalls eine herrliche Musik in der Luft. Nachdem er eine Weile misstrauisch gelauscht hatte, stand er plötzlich vor einer hohen Festung.

Vor dem Stadttor stand eine Wache, welche ihm öffnete und ihn zu einer zweiten Wache führte. Diese machte es ebenso und so ging es fort, bis er die ganze Stadt mit allen ihren Herrlichkeiten hinter sich hatte. Dann vernahm er ein Getöse, ähnlich demjenigen großer, zusammenstürzender Gebäude – und alles war verschwunden. Die Angst hatte die Haare des Pfarrers in dieser einen Nacht ganz bleich werden lassen.

Das Brennen des Geldes
Der Schatz auf Scheid

Etwas westlich von Rosport befindet sich ein runder Bergkegel, der von den Einwohnern Scheid genannt wurde. Am Rand des südlichen Abhangs soll der Sage gemäß um Mitternacht von Zeit zu Zeit ein Geldfeuer brennen. Wer das Glück hätte, dieses Feuer brennen zu sehen, könne den Schatz in der folgenden Mitternacht ausgraben. Man müsse aber einen Gefährten mitnehmen und beide müssen unbedingtes Schweigen bei der Arbeit einhalten.

Zwei Männer aus Rosport, die einst das Geldfeuer vor Scheid brennen sahen, verabredeten sich, den Schatz auszugraben. Zugleich fassten sie den Entschluss, während der Arbeit das vorgeschriebene Stillschweigen zu bewahren – geschehe, was da wolle.

Nachdem sie abends die Stelle genau bezeichnet hatten, begaben sie sich um Mitternacht mit Hacken, Schaufeln und einem Stemmeisen dahin und begannen, mit großem Fleiß zu graben. Sie mochten kaum eine halbe Stunde am Werk gewesen sein, als sie auf einen länglichen, viereckigen Stein stießen. Wenn man leicht mit Hacke und Schaufel darauf schlug, schien sich von darunter ein hohler, metallener Klang vernehmen zu lassen – als sei es massives Silber oder Gold.

Außer sich vor Freude griffen sie schnell das Stemmeisen und wollten gerade den Stein heben, der sie noch von ihrem Glück trennte. Plötzlich erblickten sie neben sich eine große Jungfrau in prachtvollen, weißen Gewändern, die ihnen stillschweigend zuschaute. Zugleich entstand ein unheimliches Geräusch, das mit einem furchtbaren Sausen einherging.

Die beiden Männer aber ließen sich nicht stören und arbeiteten weiter. Nun wurde das Geräusch stärker und stärker. Die Erde bebte, als würde sie vom Donner erschüttert. Da wurde es den beiden Männern doch unheimlich. Sie blickten wieder auf und sahen nun statt der einen gleich drei weißgekleidete Jungfrauen um die Grube stehen und ihnen zuschauen.

Trotzdem ließ sich der eine Schatzgräber nicht ängstigen, sondern ergriff von neuem das Hebeisen, um den Stein zu entfernen. Der andere jedoch begann, wie Espenlaub zu zittern, blickte voll Schrecken zu seinem Gefährten, ließ dann das Eisen fallen und rannte in rasender Eile den Berg hinunter dem Dorf zu. Da der andere allein nichts mehr ausrichten konnte, packte er – über die Feigheit seines Begleiters fluchend – das Arbeitsgerät zusammen und begab sich ebenfalls nach Hause.

Als sie am nächsten Morgen wieder an die Stelle zurückkehrten, konnten sie nicht die geringste Spur von der Grube finden. Auch die Jungfrauen waren verschwunden und die Männer sahen es ein: Der Schatz war für sie verloren.

Das blöde Schaf

Die goldene Wiege zu Koerich

»Auf den Häusercher« zu Koerich liegt tief im Boden ebenfalls eine goldene Wiege. Vier Männer wollten einst den Schatz heben und wussten: Dabei durfte keiner ein Wort sagen. Als sie bereits auf die Wiege gestoßen waren und sie eben hochheben wollten, entstand plötzlich ein Geräusch, als ob eine Herde blökender Schafe nahte. Da sprach einer von ihnen, der sich entweder ertappt fühlte oder nicht mit zu vielen Leuten teilen wollte:

»Lass' die Wiege noch einen Augenblick. Der Hobscheider Hirt kommt.«

Aber plötzlich sank die Wiege erneut sieben Klafter tief in die Erde. Dort soll sie heute noch liegen, bewacht von einer Menge Wichtelchen und Nachtmännchen. Es war außerdem kein Hirt und kein Schaf in der Nähe.

Verteufelte Schatzsuche

Die Schatzheber und die goldene Wiege bei Boxhorn

In einem Boxhorner Wald genannt Beischent liegt in einem tiefen Brunnen eine goldene Wiege. Eines Tages waren einige Einwohner von Boxhorn so glücklich, dieselbe bis an den Rand zu heben. Aber da schaute plötzlich der Teufel heraus. Hätten die Leute die Wiege mit Weihwasser besprengt, so wäre sie ihr Eigentum gewesen.

Grand Hand mit Kontra

Die abgeschnittene Hand zu Wormeldingen

Auf dem Galgenberg Wormeldingen gegenüber war einst ein Verbrecher gehängt worden. Am Abend desselben Tages unterhielten sich in einem Wirtshaus zu Wormeldingen mehrere durch den Genuss des Weines stark angeheiterte Burschen mit Aufzählung ihrer verwegenen Taten und bestandenen Abenteuer.

Als einer dieser Helden jedoch keinen Glauben fand, erbot er sich – zum Beweis seines Mutes – sich in derselben Nacht noch auf den genannten Berg unter den Galgen zu begeben und ein untrügliches Wahrzeichen von dort mitzubringen. Man ging auf den Vorschlag ein.

Er ging gleich los, kam auch bald zurück und brachte die abgeschnittene rechte Hand des Gehenkten mit. Seine Kameraden schalt und verlachte er, als diese sich vor der Hand des Verbrechers gewaltig entsetzten. Um seine Beherztheit noch weiter zu zeigen, fasste er mit der toten Hand sein Glas und trank. Als er sich jedoch der Hand wieder entledigen wollte, konnte er sie nicht mehr loswerden – sie war an seine eigene Rechte wie angewachsen.

Nun erst gingen ihm die Augen auf. Er bereute seine Freveltat sehr und gelobte, wenn er von der toten Hand befreit würde, sie wieder an ihren Ort zurückzubringen und zur Sühne und Buße eine Wallfahrt zu machen. Alsbald entfiel sie seiner Hand und er zögerte nicht, sein Versprechen auszuführen. Er starb jedoch noch im selben Jahr – man vermutet, als Folge des ausgestandenen Schreckens.

Es klingelte zum letzten Mal

Die Glöcklein im Scheuerbusch bei Hellingen

Der edle Ritter Gilbert von Hesperingen hatte Siegfried seine Tochter Rosa zugesagt. Diese jedoch verschmähte ihn und schenkte dem reichen und schönen Ritter von Berg ihre Liebe. Trotz der Wachsamkeit Gilberts gelang es dem Freier, Rosa zu entführen. Aber es ging in Erfüllung der Fluch des Vaters, den er ihnen nachrief:

Es möchte die Erde den Räuber seines Kindes verschlingen.

Auf einem prächtigen, mit Schätzen beladenen Wagen saß der Ritter neben seiner Braut und man fuhr gerade am Scheuerbusch bei Hellingen vorbei. Mit einem Mal entstand ein Erdbeben, das Braut und Bräutigam sowie Ross und Wagen in einem sich plötzlich öffnenden Abgrund versinken ließ. Ein Felsblock bezeichnet die Unglücksstelle.

Alle sieben Jahre regte es sich nun bei stürmischer Nacht in dem hohlen Erdschacht. Es entstand jedes Mal ein Geräusch, als ob eilende Rosse vorbeitrabten. Ein sündenreiner Mensch, der um Mitternacht zum Scheuerbusch komme, könne sodann ein Läuten vernehmen. Dieses werde durch die silbernen Glöckchen verursacht, mit denen die Pferde des Ritters von Berg geschmückt waren.

Schlimmer als Schanker

Das Schankemännchen

In der »Schankegrièċht« zwischen Grosbous und Reimberg zog früher jeden Abend das berüchtigte Schankemännchen als Jäger über die Gefilde hin, immerzu von Hundegebell und wildem Geheul begleitet. Ein Lichtstreifen bezeichnete seinen Weg, denn er brannte mit dem Feuer der Hölle. Der Papst höchstpersönlich soll das Schankemännchen vor ungefähr zweihundert Jahren gebannt haben.

~~~

Nahe am Weg nach Reimberg ging das Schankemännchen besonders gerne um. Schon oft hatte es dort nächtliche Wanderer geängstigt. Es war zu Lebzeiten ein Jäger gewesen und wurde für den Unfug, den es besonders an Sonntagen getrieben hatte, nach dem Tod in die Schankegrièċht verzaubert.

Während der Nacht konnte man oft weithin das Bellen der Hunde und das Hollageschrei des Jägers vernehmen. Auch wagte sich niemand gern während der Nacht an der Schankegrièċht vorbei, weil der seltsame Jäger durch allerlei Schabernack alle Wanderer piesackte und sie vom rechten Weg abbrachte.

~~~

In einer Waldschlucht des Pratzer Tals befand sich ein schöner, über und über mit Namen und Inschriften bedeckter Felsen. Unter diesem soll das Schankemännchen residiert haben, daher der Name: »dem Schankemännchen séng Brâk«. Das Männchen war alt und knöchern und hatte einen langen, weißen Bart. Nur während der Nacht trat es seine Rundreise an. In seiner Hand trug es einen gewaltigen Eisenstab, unter dessen Schläge die Erde erdröhnte.

~~~

Ein Knecht weidete vor vielen Jahren seine Pferde in der Nähe der Schankegrièċht. Er saß auf einer Anhöhe und sang mit kräftiger Stimme sein Abendlied. Plötzlich hielt der Jüngling inne, denn es drang Hörnerschall und Hundegebell an sein Ohr.

»Das muss eine große Treibjagd sein«, dachte er, »sowas hast du noch nicht gehört.«

Das Gekläffe und das Rufen kamen immer näher und unserem Jüngling wurde nun doch etwas sonderbar zumute.
~~~

»In der tiefen Nacht hält man doch keine Treibjagd«, sagte er zu sich, »das ist das Schankemännchen, das in der Gegend herumrumort.«

Er hörte eine Weile dem brausenden Jagdspiel zu und dann entfuhren ihm die Worte:

»Schankemännchen, schieß auch mir ein Wild!«

Gleich hörte er Schuss auf Schuss fallen und bei dieser Knallerei befiel ihn eine solche Angst, dass er augenblicklich seine Pferde bereitete und nach Hause ritt.

Nachdem er die Pferde in den Stall geführt hatte, schlug er die Tür hinter sich zu und schob den schweren Riegel vor. Gleich darauf schlug jemand so furchtbar an die Tür, dass sie in Stücke sprang. Der Klopfer schrie dermaßen laut, dass dem Knecht im Stall fast Hören und Sehen verging und die ganze Hausgenossenschaft zusammenlief. Der Meister fragte nach der Ursache dieses schrecklichen Schreiens. Da rief draußen eine donnernde Stimme:

»Hier ist das Wild, das der Knecht von mir gefordert hat.«

Am nächsten Morgen fand man eine Haut an der Haustür, ähnlich der einer Kuh.

~~~

Durch die Schankegriècht rieselt außerdem ein wenig Quellwasser. Mehrere Fußpfade schlängeln sich durch dieselbe, auch der Weg von Schandel nach Großbus führt hart an derselben vorbei. In dieser Grièecht soll abends nach den einen das Skelett eines Pferdes herumtrippeln, nach anderen Quellen das eines Mannes. Nach wiederum anderen soll dort eine ohrenbetäubende Musik, die in dieser waldreichen Gegend oft gehört wurde, schon so manchem einen panischen Schrecken eingejagt haben.

~~~

Ein Mann ging in später Nacht auf dem Weg, der an der Grièecht vorbeiführt. Dort angelangt, sah er plötzlich, wie ein Skelett auf ihn zuwankte. Schleunigst ergriff er die Flucht, kam aber vom rechten Weg ab. Das wankende Gespenst verfolgte ihn immer weiter. In seiner Angst lief er durch dick und dünn und gelangte schließlich wieder in die Grièecht. Hier versuchte er, sich durch das hemmende Gestrüpp hindurch zu winden und bot alle seine Kraft auf, um dem Gespenst zu entgehen. Aber vergebens: Bald schwanden ihm die Kräfte und der arme Mann fiel tot zur Erde nieder. Das Kreuz, das bei der Schankegrièecht aufgepflanzt ist, soll an dieses traurige Ereignis erinnern.

~~~
~~~

Vielen anderen jagte das Skelett dermaßen Angst und Schrecken ein, dass sie froh waren, wenn sie mit heiler Haut davonkamen.

~~~

Wenn man vor Pratz nach Grosbous geht, sieht man auf halbem Wege zur rechten Seite eine anfänglich weite, dann aber immer enger und finsterer werdende Schlucht. Das ist die Schankegrièecht. Hier hauste früher das Schankemännchen. Allnächtlich ging es mit seinen Hunden auf die Jagd. Verspätete Wanderer hörten dann schon von ferne Geheul und Hundegebell, bald in der Luft, bald auf der Erde, bald hier, bald dort. Wenn man geradeaus seines Wegs ging, tat Schankemännchen allerdings niemandem etwas zuleide.

~~~

Ein Mann kam einmal nachts dort vorbei und begann, weil er nicht an den Geisterspuk glaubte, Schankemännchen zu rufen und zu verhöhnen. Plötzlich hörte er Hundegebell und ein Geheul, als sei die Hölle los. Der Mann lief, so schnell er konnte, bog nach links in den Wiesengrund ab und sprang dort über den Bach. Hier war er in Sicherheit, weil das Schankemännchen ihm nicht übers Wasser nachfolgen durfte.

~~~

Ein anderes Mal vernahm ein Mann dort ebenfalls das unheimliche Geheul. Da er sich nahe der Häuser auf dem sicheren Bachufer befand, wollte er doch zusehen, was es mit diesem Geheul für eine Bewandtnis habe. Und siehe da, bald darauf kam eine von Feuerglanz umgebene riesige Gestalt durch den Wiesengrund daher. Schankemännchen kam immer näher und da er nicht mehr gar weit entfernt war, rief er dem Mann etwas zu. Dieser nahm sofort Reißaus und stürzte atemlos in das erste Haus, das er antraf – und wo er die Nacht über verblieb, weil er sich nicht mehr nach draußen traute.

~~~

Einst kehrten zwei Männer aus Buschrodt in später Nacht von Bettborn nach Hause zurück. Bei der Schankegrièecht angelangt, vernahmen sie lautes Rufen und Geräusch in der Luft, konnten aber nichts sehen. Sie setzten, ohne sich umzusehen, ihren Weg fort und kamen unbehelligt zu Hause an.

~~~
~~~

Am obersten Ende der Schankegriècht befand sich eine kleine Höhle, welche durch den Vorsprung eines zwei bis drei Meter dicken, mit den Namen vieler Besucher überdeckten Sandfelsens gebildet wird. Diese Höhle nennt man »Schankelach«. Dort befindet sich ein dicker Felsblock, der, wie man sagte, den Eingang zu Schankemännchens unterirdischer Wohnung bedeckte. Schankemännchen selbst ist jetzt nicht mehr dort, denn es soll vom Papst mit allen anderen Gespenstern auf neunundneunzig Jahre in den babylonischen Turm verbannt worden sein. In »Schankemännchens Schloss« kann jedoch niemand gelangen, da dessen Hunde am Eingang Wache halten und die dort aufgehäuften Schätze hüten, bis ihr Herr aus seiner Verbannung zurückkehre.

~~~

Schankemännchen soll zu seinen Lebzeiten ein Raubritter der schlimmsten Art gewesen sein und seine Schätze in dieser Höhle verborgen haben.

Messer, Schere, Schwert und Licht ...

Das Burgfräulein von Falkenstein

Vor acht oder neun Jahrhunderten lebte auf Burg Falkenstein bei Vianden ein Ritter mit seiner Tochter Euphrosine. Von den vielen durch der Jungfrau Schönheit und Reichtum angelockten Bewerbern sollte der edle Kuno von Bitburg Euphrosine als Braut heimführen.

Eines Tages hatte Euphrosine sich auf der Jagd im Wald verirrt. Es brach schon die Nacht herein, als ein ritterlicher Jüngling herannahte und ihr anbot, sie nach Falkenstein zurück zu geleiten. Dort angelangt, bat die Jungfrau den Jüngling, der durch seine Schönheit und sein angenehmes Wesen ihre Zuneigung gewonnen hatte, mit ihr zum gastlichen Saal ihres Vaters hinaufzugehen. Der Jüngling aber musste sich weigern, da die Häuser von Falkenstein und Stolzemburg, dem er angehörte, durch unversöhnliche Feindschaft entzweit waren.

Von nun an traf Euphrosine auf ihren Spaziergängen oft mit dem Jüngling zusammen, gewann ihn immer lieber und schauderte bei dem Gedanken, dem Bitburger ihre
~~~

Hand geben zu müssen. Dennoch widerstand sie dem Vorschlag des Stolzemburgers, heimlich mit ihm zu entfliehen. Erst als dieser sie einst mit kräftiger Hand einem Abgrund entrissen hatte, dem ihr scheu gewordenes Ross in wildem Lauf zueilte, willigte sie in die Entführung ein.

Gegen Mitternacht verließ Euphrosine heimlich das Schloss und schwang sich hinter den harrenden Stolzemburger aufs Pferd. Aber der eifersüchtige Kuno, dem das veränderte Benehmen seiner zukünftigen Frau aufgefallen war, hatte die Flucht sofort bemerkt und auf schnellen Rossen eilte er mit dem Falkensteiner den Flüchtigen nach.

Als der Stolzemburger die Verfolger heranbrausen hörte, drängte er der Jungfrau sein Schwert in die Hand und beschwor sie, damit zuzuschlagen. Die Unglückliche folgte willenlos und führte einen Hieb aufs Geratewohl. Da erscholl ein Schrei – denn sie hatte den eigenen Vater getroffen.

In Windeseile jagte der Stolzemburger nun der Our zu, an deren Ufer er einen Kahn bereitgestellt hatte. Kaum aber hatten sie ihn bestiegen, als die Unglückliche ihren Geliebten in hellen Flammen stehen sah. In ihrer Angst kreuzte sie die Arme über der Brust. Bei diesem Zeichen grinste das Gespenst sie an, hob drohend die Faust und verschwand mit dem Ruf:

»Vatermörderin!«

War es der Teufel selbst oder vielmehr derjenige, der, um sein Rachegefühl zu befriedigen, dem Teufel seine Seele überliefert hatte? Euphrosine aber, vor Schrecken und Gewissensbissen ihrer Sinne nicht mehr mächtig, stürzte sich in die Fluten der Our. Seit diesem Unglückstag erscheint die Jungfrau um Mitternacht in den Ruinen des Schlosses Falkenstein und schleppt seufzend und wimmernd eine schwere Kette.

7.
Sagen und Legenden von Riesen, Zwergen, Wichteln und Kobolden

Die menschlichen Abrissbirnen

Wichtelcher bei Wahlhausen

»Op dem Heidenhäuschen« ist ein Ort in der Nähe von Wahlhausen. Er liegt auf einem Berg, der an die Our grenzt. Dort soll in früherer Zeit eine unterirdische Wohnung gewesen sein, in der ganz kleine Leute gewohnt haben. Genannte Stelle heißt »unter dem Pflug«.

Alte Leute sagten, sie wüssten sich noch zu erinnern, dass man im Boden Überreste von Mauern gefunden habe. Als die dort auf dem Felsen arbeitenden Personen sich eines Tages zum Essen niedergesetzt hatten, sank der Boden unter ihnen plötzlich etwa einen Fuß ab.

Mit Ansagen zählt doppelt

Das Wichtlein zu Sterpenich

Vor vielen hundert Jahren hauste in Sterpenich ein Ritter, der wegen seiner Grausamkeit in der ganzen Gegend gefürchtet wurde. Auch in Steinfort waren seine Untaten bekannt, weil die Leute dort oft unter den Launen des Ritters zu leiden hatten.

Dieser schickte einst einen seiner Leibeigenen mit einer Botschaft in das zwölf Stunden entfernte Metz unter Androhung einer schweren Strafe, falls er ihm die Antwort nicht vor Ablauf des Tages zurückbringe. Der arme Mann lief aus Leibeskräften auf dem Weg daher, um möglicherweise innerhalb der gegebenen Frist sich seines Auftrages zu entledigen.

Vor dem Dorf jedoch wartete ein Zwerg auf ihn, in einem mit drei weißen Pferden bespannten Wagen. Der erbot sich, den Bauer nach Metz und zurück zu fahren. Mit Freuden bestieg dieser den Wagen und so war es ihm möglich, seinem Herrn die verlangte Antwort noch vor Sonnenuntergang zu überbringen.

Der erstaunte Burgherr wollte wissen, wie der Bauer es geschafft habe, einen so weiten Weg in so kurzer Zeit zurückzulegen. Dieser erzählte den Hergang und fügte hinzu:

»Auch hat der Zwerg mir gesagt, er komme bald mit einem anderen Wagen, um Euch zu Eurer letzten Wohnung abzuholen.«

Bei diesen Worten stand der Ritter wie vom Blitz getroffen auf und rief:

»Sterben – ich?«

Dann brach er zusammen und am Abend sah man einen mit vier schwarzen Pferden bespannten Leichenwagen zum Burgtor hinausfahren: Es war der Zwerg, welcher den Leichnam des Herrn von »Sterpen-ich« mit sich nahm.

Hart wie Stein

Die Wichtelcher bei Reckingen und ihr Verfolger

Im Merscher Gemeindewald, zwischen Reckingen und Hohlfels, nur etwa zwanzig Meter oberhalb der Straße von Mersch nach Ansemburg, befand sich eine Felsengrotte, in der vor vielen Jahren Wichtel wohnten. Diesen Felsen nennt man Wichtelcheslê.

Die Leute der benachbarten Ortschaften versahen die Wichtelcher mit reichlich Nahrungsmitteln, welche sie am Eingang der Grotte niederlegten, ohne je bei Tage eines der Wichtelcher zu sehen. Bei Nacht aber bearbeiteten diese die Felder derjenigen, die ihnen die Lebensmittel gaben. Jene aber, die keine Felder hatten, fanden zum Dank für die Gaben der Leute des Morgens Holz für mehrere Wochen vor ihrer Tür liegen.

Zwischen Schönfels und Marienthal hielt sich zu derselben Zeit ein Klausner auf. Dieser war ebenso beliebt wie die Wichtelcher. Er hatte für jedermann einen guten Rat. War außerdem jemand krank, so half der Klausner sicher – wenn es denn keine unheilbare Krankheit war. Die Wichtelcher lieferten ihm die heilenden Kräuter. Diese kochte der Klausner im Wasser, das er aus dem Hunnebur schöpfte. Dieses Wasser soll ebenfalls Heilkraft besitzen, zumal bei Augen- und Hautkrankheiten.

Auf dem Schloss von Hohlfels wohnte damals ein Mann namens Steinhart. Dieser war früher Knecht bei der Herrschaft von Hohlfels gewesen und hatte seinem Herrn unter eigener Lebensgefahr das Leben gerettet. Diese Herrschaft wohnte damals in

Lothringen und um den tapferen Knecht zu belohnen, vermachte man ihm auf Lebenzeit das Schloss Hohlfels mit den umliegenden Gütern.

Dieser Knecht aber war so hart wie sein Name. Meistens war er betrunken und dann war kein Mensch sicher vor ihm. Insbesondere konnte er weder den Klausner noch die Wichtel leiden, weil diese in der ganzen Gegend in so hoher Achtung standen.

Eines Tages begegnete er dem Klausner und schlug mit einem Stock nach ihm. Der Eremit konnte sich nur durch schnelle Flucht retten. Danach sah er wohl ein, dass er in seiner Klause nicht mehr sicher sei, doch wollte er die Gegend nicht verlassen. Er flüchtete sich deshalb in eine Felsgrotte bei Schönfels, welche einen Durchgang hatte bis in das Eischtal, in der Wichtelcheslê. Obschon jeder wusste, dass der Klausner sich dort aufhielt, behaupteten die Leute, um Steinhart irre zu führen, er sei aus der Gegend verschwunden.

Weil Steinhart sich nun nicht am Klausner rächen konnte, so ging er des Nachts aus, um die Wichtelchen auszuspähen und sie zu vertreiben. In ihre Wohnung jedoch vermochte er nicht einzudringen. Zwar kannte jeder den Haupteingang zur Wichtelchesgrotte, doch niemand, außer dem Klausner, konnte jemals zu ihnen gelangen, weil der Gang durch einen Felsen verschlossen war und sich nur durch eine besondere Vorrichtung öffnen ließ. Daneben gab es noch verschiedene Auswege, die ebenfalls nur den Wichteln bekannt waren.

Eines Abends zog Steinhart wieder aus, um die Wichtelcher auf dem Feld oder im Wald zu überraschen. Er postierte sich auf einem Felsen, unter dem er öfters Spuren erkannt hatte. Beim Mondschein sah er auch wirklich eine Anzahl dieser kleinen Leutchen – unter ihnen auch den Klausner – am Fuß des Felsens vorbeigehen.

Plötzlich stieß er einen schweren Stein, den er zu diesem Zweck dahingebracht hatte, auf die Wichtel herunter, traf aber niemand von ihnen. Er selbst allerdings verlor durch die Anstrengung das Gleichgewicht und stürzte in die Tiefe mitten unter die Wichtelcher.

Steinhart war aber noch nicht tot, obwohl sein Leib zerschmettert war. Er konnte noch fluchen und die Schuld seines Unglücks auf die Wichtelcher schieben. Der Klausner sagte ihm, er täte besser daran, sich mit Gott zu versöhnen.

»Mit Eurem Gott ist es ja nichts!«, rief Steinhart, »ehe ich mich dazu verstehe, wollte ich lieber so werden, wie mein Name ist.«

»Gebt nur Acht, dass Euer Wunsch nicht in Erfüllung geht«, erwiderte der Klausner.

Mit einem Mal stieß Steinhart einen Schmerzensschrei aus und weil er fühlte, dass sein Ende herannahte, keuchte er:

»Sollte ich hier sterben, so bitte ich Euch, bringt mich auf den Felsen, von dem ich heruntergefallen bin, da will ich steinhart werden, wenn Euer Gott etwas fertigbringt«

»Unser Gott«, erwiderte der Klausner, »kann sogar durch das Wasser Steine erzeugen«.

Höhnend kam es zurück:

»Nun ja, dann kann er das Wasser unter mir ja auch verwandeln.«

Nach diesen Worten kam Steinhart das Blut aus dem Mund und er starb. Man sagt, einem Sterbenden soll man keine Bitte abschlagen. Die Zwerge brachten ihn auf den Felsen, setzten ihn dort mit dem Rücken an eine Erhöhung gelehnt und entfernten sich schweigend.

Am folgenden Tag begaben sie sich hinauf zum Felsen, fanden aber an der Stelle, wo sie Steinhart zurückgelassen hatten, nur mehr einen Stein. Von dieser Zeit an mieden sie den Ort. Kein Mensch außer ihnen und dem Klausner wusste, wo Steinhart hingekommen war.

Einige Jahre später starb der Klausner. Auf seinem Sterbebett offenbarte er, wie Steinhart gestorben sei, war aber plötzlich tot, bevor er die Unglücksstätte bezeichnen konnte. Die Wichtelcher verschwanden danach ebenfalls aus der Gegend.

~~~

Der Erzähler dieser Sage berichtet, er habe sich den Felsen angesehen, ganz besonders einen alleinstehenden. Dieser ähnele tatsächlich einem Mann, denn man erkenne deutlich den Kopf, die Augen und so weiter. Er habe einen spitzen Hut auf. Das werde wohl der Steinhart sein. Rund um den Berg fließen Brunnen den Berg herunter, welche Holz, Gras, Moos und so weiter versteinern. Der Felsen befindet sich im Linebusch und war seinerzeit Eigentum eines Herrn de la Fontaine aus Luxemburg.
~~~

Des Kindes neue Kleider

Die Wichtelcher bei Rosport

Auf dem Rosporter Bann, am nördlichen Ende des Girsterwaldes, befindet sich ein Ort, den man »am Komp« zu nennen pflegte. Hier hausten in früheren Zeiten Wichtelcher in unterirdischen Höhlen. Sie halfen den Landleuten bei der Arbeit und diese stellten ihnen zum Dank dafür Speisen vor die Eingänge ihrer Grotten.

Eines Tages begab sich eine Frau aus Rosport mit ihrem kleinen Töchterchen zu ihrem »am Komp« gelegenen Acker, um dort Erbsen zu rupfen. Während die Mutter arbeitete, fing das Kind an, zu spielen. Es pflückte Blumen und entfernte sich allmählich aus den Augen der beschäftigten Mutter.

Plötzlich näherten sich dem Kind ein paar Wichtel und brachten ihm kostbare, seidene Kleider, die von goldenen und silbernen Fäden durchwirkt waren. Als aber die Mutter wieder hinzutrat, machten sich die kleinen Männlein schnell aus dem Staube. Die Wichtelcher sind nun zwar für immer verschwunden, aber heute noch zeigt man die Höhlen und Grotten, in denen sie gewohnt haben.

Eine gesalzene Rache

Der Zwerg zu Junglinster

In Junglinster hatte vor vielen Jahren ein Zwerg sich in ein Liebesverhältnis mit einem Mädchen aus dem Dorf eingelassen. Auf die Dauer konnte dies dem Pastor nicht verborgen bleiben und dieser machte dem Mädchen ernstliche Vorstellungen über dessen Verirrung. Das erschrockene Mädchen versprach, sofort den Umgang mit dem Zwerg zu meiden. Aber obgleich sie ihm ihren Entschluss mitteilte, so wollte der Zwerg nicht von ihr ablassen und wusste sie überall aufzufinden.

Sie erzählte dem Pastor von der Zudringlichkeit des Zwerges und bat um die Hilfe des Gottesmanns. Der Pastor, der hier nicht Rat wusste, ließ einen alten Schäfer aus

Beidweiler, der im Ruf stand, allerlei geheime Mittel zu besitzen, zu sich rufen, um durch seine Mitwirkung den Zwerg von dem Mädchen fern zu halten.

Nach langem Nachdenken nahm der alte Schäfer eine Handvoll Salz, das er im Wasser auflöste. Dann tauchte er ein Stück Brot hinein, bestreute das Brot mit Schwefel und ließ es auf dem Ofen trocknen. Dieses Brot musste das Mädchen vor dem nächsten Besuch des Zwerges essen und sich dann bei seinem Erscheinen auf den Leib drücken. Das Mädchen tat wie geheißen – und als ein leiser Laut hörbar wurde, entfernte sich der Zwerg mit Abscheu und wurde nie mehr gesehen.

Eine Zeitreise

Die Wichtelcher zwischen Folkendingen und Ermsdorf

Zwischen Ermsdorf und Folkendingen, am linken Ufer der weißen Ernz, auf dem sogenannten Schaar, sollen sich vor vielen Jahren Wichtelcher aufgehalten haben. Deshalb wurde diese Stelle noch im späten 19. Jahrhundert »op de Wîchtelheiser« genannt. Damals soll man im Boden Überreste von den Wohnungen der Erdmännlein gefunden haben. Diese waren aus einer Art Ziegelstein gebaut, klein und niedlich.

Vor vielen Jahren wurde ein Mädchen aus einem der umliegenden Dörfer Patin bei dem Kind eines dieser Wichtelmännchen. Ohne seinen Eltern etwas zu sagen, begab es sich in die Zwergwohnungen, wurde freundlich empfangen und belustigte sich aufs Beste. Mit einem Mal fürchtete es, die Nacht möchte wohl bald hereinbrechen. Dann würden die Eltern sich beunruhigen und es begab sich auf den Heimweg.

Zu Hause angekommen, schien dem Mädchen alles sehr verändert und als es in die väterliche Wohnung trat, begegnete ihm seine Mutter, welche ebenfalls ganz anders aussah als vorher. Ihre Haare waren weiß geworden, ihre Kräfte waren geschwunden. Das Mädchen erfuhr, dass man es für tot gehalten hatte – weil es dreizehn Jahre fort gewesen war.

Bezahlung bei Auftragsannahme

Die dankbaren Wichtelcher

Ein Mann aus Ettelbrück, »den âle Walsdorf«, pflügte einst »‹auf der Haard«. Am Ende einer Furche angelangt, fand er ein Stück Weidenholz und dabei ein Zettelchen. Darauf stand die Bitte der Wichtelcher geschrieben, ihnen eine Brotschieß (Brotschaufel) zu machen.

Als er das zweite Mal ans Ende des Ackers kam, fand er dort einen frischen Flammkuchen liegen. Bauer Walsdorf aß den Kuchen mit Behagen und erledigte den Auftrag der Wichtlein, indem er die fertige Brotschieß in »Weilands Berg« niederlegte.

Bestellt und geliefert

Die Wichtlein bei Trintingen

Im Wischteschberg zwischen Ersingen und Medingen hausten vor vielen Jahrhunderten ebenfalls die Wichtelcher. Es waren Leute, die nur einen bis anderthalb Fuß hoch waren. Während des Winters gingen sie oft nachts nach Medingen und droschen den Leuten das Getreide in den Scheunen. Waren sie fertig, so nahm jeder sich ein Täschchen voll mit in seine unterirdische Wohnung.

Einst fuhr ein Mann mit seinem Pflug gerade über der Wohnung der Wichtel, als diese eben mit Brotbacken beschäftigt waren. Der Bauer hörte sogar deren Kinder rufen:

»Back' mir auch Flauch!«

Immer mehr Stimmen kamen dazu und zuletzt riefen die Wichtel von allen Seiten:

»Mir auch Flauch! Mir auch Flauch!«

Nun konnte auch der Mann sich nicht mehr ruhig verhalten und rief von oben hinab:

»Mir auch Flauch!«

Um Mittag spannte er aus, und als er nachmittags zurückkehrte, lag ein dicker Flauch auf seinem Pflug.

~~~
~~~

Während des Winters gingen die Wichtelcher häufig auch auf den Pleitringerhof dreschen. Aus Dankbarkeit ließen ihnen einst die Bewohner des Hofes Kleider anfertigen und hängten dieselben in der Scheune auf, damit die kleinen Leutchen sie nehmen und anlegen sollten. Als die Wichtelcher nun nachts kamen und die Kleider sahen, begriffen sie, dass sie entdeckt waren. Sie eilten fort, um nie mehr zurückzukehren.

Kleine Bäcker

Die Wichtelmännchen im Katzenfels

Im Katzenfels, dicht an jenem Weg, der von Mamer nach Kehlen führt, wohnten vor langer Zeit Wichtelmännchen in einer tiefen Felsenhöhlung. Sehen konnte man sie nicht, aber sie gaben ihr Dasein kund durch die Arbeiten, die sie verrichteten und die Wohltaten, die sie heimlich spendeten.

Merkte zum Beispiel ein auf dem nahen Acker pflügender Bauer am aufsteigenden Rauch, dass die Wichtel Brot backten, rief der Pflugjunge laut zum Katzenfels hinüber:

»Ihr lieben Wichtelmänner, backt auch uns ein Brötchen mit!«

Beide fanden dann regelmäßig bei ihrer Rückkehr je ein Brötchen auf dem Pflug liegen.

~~~

Eines Tages versiegten die Wasserquellen des Beauforter Hüttenwerkes (Grondhaffer Schmelz) für immer. Das war für das ganze Land ein harter Schlag, zumal zu gleicher Zeit die Ernten schlecht ausgefallen waren.

Ein Mann aus Mamer, Vater von sieben Kindern, ging mit dem Rest seiner Barschaft nach Kehlen, um Brot zu kaufen. Im dichten Schneegestöber kehrte er spät abends traurig und ohne Brot zurück. Schon hatte er den Kehlbach überschritten, als er vor sich allerlei Klopfen und Geräusche hörte. Als er weiterging, sah er plötzlich dem Katzenfels gegenüber auf dem sogenannten Goldberg einen großen Feuerofen, um den sich allerlei Schatten bewegten. Es waren die Wichtelmännchen, deren Wohnung in der Nähe war.
~~~

Der Mann näherte sich unbemerkt und schaute verwundert dem geschäftigen Treiben zu. Die Zwerge hatten viel Gold aufgehäuft und noch immer prägten sie neue Münzen. Nach einer Weile fasste der Mann sich ein Herz, trat vor und klagte seine Not. Mitleidsvoll erlaubten ihm die Wichtelein, so viel Geld zu nehmen, um aller Not enthoben zu sein.

Als der Mann gerade seinen Wohltätern danken wollte, war jedoch alles verschwunden. Von dieser Zeit an hat man die Wichtelmännchen nie mehr beim Goldprägen überrascht, so sehr auch die Neugier – oder vielmehr die Habsucht – die Einwohner von Mamer antrieb, sich bei den Zwerglein Reichtum zu holen.

~~~

Die Wichtelmännchen trieben ihre Kuh zum Vieh der umliegenden Dörfer auf die Weide und hüteten das Tier sorgsam. Keiner der Hirten vermochte je ein Wichtelchen zu sehen.

~~~

Vor vielen Jahren, als die guten Wichtelmännchen noch im Lande waren und den Leuten bei der Arbeit halfen, kam ein Mann namens Mamer am Katzenfels vorbei. Hier hörte er auf einmal das muntere Klopfen und Hämmern einer Schmiede. Er ging näher heran und sah, wie die niedlichen Kleinen das Gold und Silber verarbeiteten, das sie nachts aus den Bergen holten. Der Mann gründete in der Nähe eine neue Heimat – dort wo jetzt die Gemeinde Mamer liegt. Die Wichtelmännchen sind verschwunden, jedoch kann man ihre Wohnung im Katzenfels heute noch sehen.

»Mir auch einen Flauch!«
Die Wichtelcher in der Goldkaul

In der Goldkaul, einer Senke am Kehlbach bei Kehlen, haben vor langen Zeiten die Wichtel gehaust. Deren Wohnungen, unterirdische Gänge, erstreckten sich von dort bis in den nahe gelegenen Ehlbusch. Diese kleinen Wesen halfen den Leuten bei der Arbeit, kamen nachts in die Scheune eines Bauern und droschen dessen Korn. Das taten sie lange Zeit, bis eines Abends der Knecht, der Mitleid mit ihnen hatte, ihnen Essen hinstellte. Von nun an kamen die Wichtelcher nicht mehr wieder.

~~~

Auch hörten die Bauern, die in der Nähe der Goldkaul pflügten, die Zwergkinder der backenden Zwergmutter zurufen:

»Mir auch einen Flauch! Mir auch einen Flauch!«

Wenn dann ein Bauer rief:

»Mir auch einen Flauch!«, fand er am nächsten Morgen bei seiner Rückkehr aufs Feld einen Kuchen auf seiner Pflugschar liegen.

In der Hauptstadt

Die Wichtelcher zu Vichten

In Vichten konnte man noch vor knapp zweihundert Jahren die Wohnungen der Zwerge sehen. Es waren kleine, unterirdische Gemächer, mit kleinen Brunnen. Ein Vichtener Mann, der in seinem Garten Grabungen angestellt hatte, weil er dort einen Schatz zu entdecken hoffte, stieß auf eine von der Zeit verschont gebliebene unterirdische Wohnung. Dort sollen die Wichtelcher gehaust haben: kleine Männlein, die den Menschen nur Gutes taten.

~~~

Vor kaum zehn Jahren ist zu Vichten ein Mann gestorben, den die Wichtelcher in seiner Kindheit gewiegt haben. Sonntags morgens, wenn die Hausleute in der Kirche waren, kamen sie ganz leise ins Haus, wiegten den Kleinen und fütterten die Pferde und Kühe.

~~~

Ein Bauer, der seinen Acker pflügte, hörte einst die Wichtlein unter der Erdschicht mit Küchengeschirr klappern.

»Ei, backt mir doch auch einen Kuchen mit!«, sagte er.

Als er den Pflug gewendet hatte, fand er auf einem kleinen, reinlichen, auf dem Boden ausgebreiteten Tuch einen kleinen Kuchen, den er sich wohl schmecken ließ.
~~~

Bei Vichten auf dem Weg nach Bissen, wo sich die Trümmer alter Bauten befinden, soll der Palast der Zwerge gestanden haben. In Vichten lag, wie es der Name andeutet, die Hauptstadt der Zwerge. Hier herrschte König Schaddaï friedlich über das Zwergenvolk, bis eine Empörung unter demselben ausbrach, die den König das Leben kostete.

~~~

Unter dem Scheuerbusch wohnten in unterirdischen Gängen ebenfalls Zwerge, die so reich waren, dass sie ihre Mäuse mit Gold fütterten. Man will Mäuse gesehen haben, die an einem Goldstück nagend umherliefen.

~~~

Die Vichtener Zwerge waren reicher als alle anderen. Einst soll ein Vichtener Zwerg einem seiner Stammesgenossen unter der Scheuerburg im Scheuerbusch gesagt haben:

»Ihr habt Pflüge mit silbernem Pflugeisen und wir haben welche mit goldener Pflugschar.«

~~~

Die Vichtener Zwerge hatten unter anderem das Recht, jeden Samstag von einem Haus in Vichten einen Backofen mit Brotkuchen (Flâmekoch) zu fordern.

Flinke Hände

Die Wichtelcher in der Kâtzelê

In der Nähe von Lultzhausen (lux.: Lëlz) befindet sich ein hoher Felsen, die Kâtzelê genannt, in welchem sich vor vielen Jahren Wichtlein aufhielten. Sie waren einem Mann aus Esch besonders gewogen. Trieb dieser abends seine zwei Pferde, ein rotes und ein weißes, in die Umgegend dieses Felsens und schlief er ein, so fand er bei seinem Erwachen den Schimmel gestriegelt und gekämmt. Das rote Pferd aber war nicht angerührt worden. Das geschah, so oft der gute Mann seine Pferde in die Nähe der Kâtzelê trieb.

~~~

Eines Tages fuhr ein Knecht am Nachmittag an der Kâtzelê vorbei an den Pflug. Da hörte er Stimmen im Felsen rufen:

»Backt mir auch einen Kuchen mit!«

Scherzend rief auch der Knecht:

»Backt mir auch einen mit!«

Dann pflügte er den Acker, ohne weiter an die Stimmen zu denken. Kaum aber hatte er eine Stunde gepflügt, kam ein kleines Männlein daher, das einen kleinen frischgebackenen Kuchen auf den Pflug niederlegte und dann schnell wieder davonhuschte.

Höhlen, Brunnen und all-you-can-eat Brötchen

Die Wichtelcher in der Gegend von Mersch

Die Wichtlein sind besonders im Merscher Tal sehr zahlreich gewesen. Um Mersch herum selbst zeigt man verschiedene Wohnungen derselben, so zum Beispiel auf der Höhe bei Angelsberg. Die bekanntesten sind die bei Schönfels und Reckingen. Am Fuß eines Felsens bei Schönfels, genannt »op Wichtelcheslê«, befindet sich der ziemlich enge, nun verschüttete Eingang zur Wichtelcheswohnung. Diese zieht sich tief in den Berg hinein, bildet ein Labyrinth von Gängen und soll auf der anderen Seite des Berges bei Reckingen einen Ausgang besitzen.

~~~

Hier bei Reckingen erhebt sich der sogenannte Wichtelchesfels mit dem Wichtelchesloch, durch welches man in einen hohlen Gang gelangt. Manch verwegener Bursche hat denselben schon eine weite Strecke verfolgt, ohne jedoch dessen Ende zu erreichen. Einst war ein anderer Mann – mit zwei Pfund Talglichtern versehen – hineingegangen, aber auch ihm ging es wie den anderen. Hier haben die Erdmännchen gehaust.

~~~

Dieselben hatten im Tal einen Brunnen gegraben, den sogenannten Wichtelchespötz. Dieser war so tief, dass niemand sicher wusste, wie tief er wirklich war. Drei Tage lang hatten vorzeiten die umliegenden Gemeinden Steine hineinfahren lassen, ohne ihn jedoch ausfüllen zu können.

Dieser Wichtelchespötz soll heute ein kleiner Morast von etwa zwei Metern Durchmesser und mit Gehölz überdeckt sein. Der Ort heißt »im Hals« (enge Talschlucht) und dort soll ein Dorf gestanden haben. Alte Leute hatten dort noch Steinhaufen und Grabmäler gesehen.

~~~

Alte Frauen behaupten, die Wichtlein noch aus dem Wichtelchesfelsen herunterkommen gesehen zu haben. Sie seien ein bis anderthalb Fuß groß gewesen. An Querstangen, die sie über den Schultern trugen, hätten Eimer gehangen. Damit seien sie zur Eisch gegangen, um Wasser zu holen. Sie hätten niemand etwas zuleide getan.

Weil man ihnen jedoch nachspürte, kamen sie nur noch während der Nacht aus ihrer Behausung hervor, um braven, frommen und ordnungsliebenden Leuten bei ihrer Arbeit zu helfen. Den bösen Menschen aber fügten sie Schaden zu, wo sie nur konnten, und nahmen deren Korn auf dem Feld weg.

~~~

Diese Wichtlein, sagen die Leute, waren schlau, geschickt, arbeitsam und gefällig gegen gute Menschen. Sie mieden allerdings die menschlichen Wohnungen und lebten gesellig untereinander. Als Kopfbedeckung trugen sie jahraus, jahrein einen großen Strohhut. Ansonsten waren sie wie die Menschen gekleidet. Stets trugen sie einen Spaten oder eine Hacke auf der Schulter.

~~~

Ein achtzigjähriger Mann erzählte seinerzeit, dass er eines Abends den Pflug auf dem Feld habe stehen lassen. Am folgenden Tag sei sein Acker sauber umgepflügt gewesen.

~~~

Einst pflügte ein Bauer in der Nähe des Wichtelchesfelsen. Nach einer Weile vernahm er aus dem Inneren desselben schwache Stimmen, welche riefen:

»Back mir auch eins!«

Also trat er an den Felsen heran und rief ebenfalls:

»Wichtelmännchen, backt mir auch ein Brötchen!«

Sogleich verstummten die Stimmen im Felsen. Alles war ruhig. Der Bauer kehrte zu seinem Pflug zurück und siehe da: Es lag ein feines Brötchen auf demselben, das die Eigenschaft hatte, nicht abzunehmen, soviel er auch davon abschnitt und aß. Sobald er aber den Leuten aus dem Dorf davon erzählte, nahm das Brötchen ab und war bald ganz verzehrt.

»Mir auch einen Pflamb!«

Die Wichtelcher zu Dondelingen

Am sogenannten »Fäsch« steht ein hoher Felsen, in welchem sich eine ziemlich geräumige Höhle befindet. Diese soll einer Familie von Wichtlein vor vielen, vielen Jahren als Wohnung gedient haben. Die Mutter nannte man Frau Holle.

Eines Tages pflügte der Landmann Michel Wagner in einem Stück Land, das einen Steinwurf weit vom Felsen lag. Gegen zehn Uhr setzte er sich hin, um ein wenig auszuruhen und eine Pfeife zu rauchen. Plötzlich hörte er Stimmen vom Felsen herübertönen:

»Back mir einen Pflamb! Mir auch einen Pflamb (Flammkuchen)!«

»Mir auch einen Pflamb!«, rief nun der Landmann ebenfalls – und siehe da:

Als er am Nachmittag wieder anspannte, hing ein schöner Kuchen am Pflug. Der war so gut, wie ihn der beste Zuckerbäcker zu der Zeit nicht hätte anfertigen können.

Prompte Bedienung

Wichtlein bei Esch an der Sauer

Vor vielen Jahren, als die Wichtlein noch in der »Ranker Delt« – einige hundert Meter südlich von Esch an der Sauer – hausten, pflügten einst zwei Knechte mit ihren Pferden in der Nähe eines Felsens, in welchem die Wichtlein ihre Wohnung aufgeschlagen hatten. Da hörten sie auf einmal im Innern des Felsens rufen:

»Brot ein! Brot ein!«

Da rief einer der Knechte:

»Kuchen ein! Kuchen ein!«

Als die Knechte nun wieder eine Furche gezogen hatten und an derselben Stelle ankamen, sahen sie auf der Erde eine große, weiße Serviette ausgebreitet, auf welcher ein schöner Kuchen lag, mit einem Messer dabei.

»Sollen wir von dem Kuchen essen oder nicht?«, fragte der ältere Knecht.

»Warum nicht?«, sagte der andere, »die Wichtlein haben doch den Kuchen hingelegt, damit wir davon essen sollen.«

Sie aßen den Kuchen auf und ließen die Serviette liegen. Eine andere Furche ziehend, entfernten sie sich. Als sie zu der Stelle zurückkamen, war alles abgeräumt.

Alles geht in die Hose

Das Heinzelmännchen zu Bartringen

In Bartringen war vor langen Zeiten ein Heinzelmännchen als Stallknecht tätig. Wenn der Nachbar des Abends das Futter für die Pferde vom Heuschober in die Scheune herabgeworfen hatte, rief er ihm zu:

»Morgen fütterst du die Pferde um die und die Stunde!«

Der Kleine, der gewöhnlich hoch oben in der Scheune saß, vernahm den Befehl, antwortete nichts und gehorchte aufs Pünktlichste. Kam der Bauer morgens in den Stall, fand er den Fleißigen auf einem Pferd sitzen, den Pferdekamm in der Hand. Im Nu war das Heinzelmännchen zum Raufloch hindurch auf dem Heuplatz.

Der Bauer war seinem fleißigen Gesellen sehr dankbar. Jeden Tag wurden alle Türen vom Stall bis zum Küchenherd aufgemacht und die Schüssel mit Essen, aber ohne Löffel, hingestellt. Hatte das Heinzelmännchen alles verzehrt, so sprang es wieder an seinen Ort zurück, um Stall und Pferde zu besorgen.

~~~

Eines Jahres war der Winter äußerst streng. Da ließen die Bauersleute, aus Mitleid für ihren kleinen Knecht, diesem ein kleines Höslein verfertigen und legten dasselbe neben das Essen. Als nun zur Mittagszeit das Männlein wie gewöhnlich herankam und das Höslein erblickte, blieb es sinnend davorstehen. Die Leute riefen ihm zu, es solle
~~~

die Hose anziehen, da es sehr kalt sei. Der Kleine aber glaubte, das Höslein wäre der Lohn für seine Arbeit und die Leute möchten ihn nun gerne loswerden. Deshalb weinte er laut, verließ das Haus und wurde seit dieser Zeit nicht mehr gesehen.

Zwei Zimmer, Mühle, Bad

Die Wichtelmännchen im Kalvergrond

Zwischen Eschdorf und Kuborn liegt in einem von zwei Hügeln eingeschlossenen Tälchen, im Ort genannt Kalvergrond, ein einsamer Felsen. Nach Aussage der alten Leute hielten sich dort die Wichtelmännchen auf. Noch heute sieht man ihre Wohnung: Zwei kleine Zimmer, die in den Felsen eingehauen sind.

Die Wichtel halfen den Bewohnern des nahe gelegenen Kuborn im Sommer bei den Feldarbeiten und im Winter nähten und strickten sie für dieselben. Am meisten aber waren sie einem Müller zugetan. Unterhalb Brattert, im Mühlengrund, stand ehemals eine Mühle, von der heute nur mehr Steinhaufen übrig sind. Während der Nacht, wenn der Müller beim Mahltrog eingeschlafen war, kamen die Wichtelmännchen und mahlten für denselben. Sein Vorwitz jedoch vertrieb die Männlein.

Eines Abends tat er, als ob er schliefe. Die Männlein kamen wie gewöhnlich, schütteten auf und fingen an zu mahlen.

»Hab ich euch endlich erwischt!«, rief der Müller.

Die erzürnten Wichtel wandten sich von diesem Tag an vom Müller ab. Er verarmte und nach seinem Tod fand sich kein Käufer für die Mühle, sodass sie bald von selbst verfiel.

Nun halfen die Wichtelmännchen keinem mehr aus der Not. Die Leute gingen oft zu dem Felsen, um sie zu beobachten. Dies erbitterte die Wichtel sehr. Eines Morgens zogen sie davon. Niemand wusste, wohin. Ihre Wohnung im Kalvergrond soll heute noch bestehen.

Ein teurer Fluch

Die Wichtelcher zu Luxemburg

Ein Bäcker, der zu Luxemburg in der Fleischerstraße wohnte, hatte so viel Arbeit, dass er sie alleine unmöglich schaffen konnte. Einen Gesellen aber konnte er nicht bekommen. Verdrießlich legte er sich abends ins Bett. Als er morgens aufstand, fand der überraschte Meister alle Arbeit getan. Die guten Wichtelcher hatten dem Mann während der Nacht aus der Verlegenheit geholfen. Dasselbe geschah auch an den beiden folgenden Tagen. Am vierten Tag aber fluchte der Bäcker einmal:

»Alle Teufel aus der Hölle!«

Danach kamen die Wichtelcher nicht mehr zurück.

Feuerwasser für den Totengräber

Die Kobolde auf dem Kirchhofe zu Mamer

Der Totengräber zu Mamer war ein als Trunkenbold und Dieb berüchtigter Kerl. Eines Tages war er in der Christnacht auf dem Kirchhof damit beschäftigt, ein Grab auszuheben. Nach einer Weile kam ein Junge des Wegs daher und sang fröhlich ein Lied. Darüber ergrimmt, sprang der Totengräber auf ihn los und verprügelte ihn.

Danach wollte der Totengräber sich durch einen Schluck aus seiner Branntweinflasche laben. Plötzlich sah er »vier Gräber weit« vor sich ein Männlein in weißen Kleidern sitzen – mit herausgestreckter Zunge. Die Angst erfasste den Mann. Er wollte fortlaufen. Der Geist aber hielt ihn zurück und schlug mit einem Hämmerchen auf ein Metall, sodass es einen klingenden Ton gab.

Nun machte jemand Licht in der Sakristei und zwölf andere Kobolde erschienen, packten den Totengräber und stießen ihn in eine offene Gruft, wo sie ihn in eine Ecke drängten. Da sagte der erste Kobold, er sei kalt, und man brachte ihm in einer Schaufel Feuer, das er trank. Man forderte auch den Totengräber auf, zu trinken. Weil er sich jedoch weigerte, goss man ihm das Feuer mit Gewalt in den Mund. Dann schlugen sie ihm seine Beine über den Rücken, sodass sie den Kopf zwischen die Beine pressten. Nach einer Weile warfen sie ihn wieder hinauf auf den Kirchhof, wo er ohnmächtig liegenblieb.

Am nächsten Tag war der Totengräber krank. Die Beulen an seinem Körper überzeugten ihn, dass er sicher nicht geträumt hatte.

Echt, in der Nacht

Das Kiddelsmehnchen (Kittelsmännchen) zu Echternach

Im Echternacher Abteigebäude spukte ein Kobold, der unter dem Namen Kiddelsmehnchen bekannt war und die Bewohner des Gebäudes vielfach neckte. Ein alter Mann, der Tag und Nacht in einem Nebengebäude zubrachte, um Pottasche zu brennen, wurde sehr oft von dem Kobold heimgesucht.

Während der Alte, das Gesicht in die Hände vergraben, bei seinem Kessel saß und betete, trat der kleine Kauz oft herein und fing an, auf einem nebenstehenden Amboss zu hämmern, dass die Funken stoben und das ganze Gebäude erzitterte. Der Alte ließ den sonderbaren Schmied ruhig gewähren. Der entfernte sich bald wieder – stumm, wie er gekommen war.

Derselbe alte Mann erhielt oft den Auftrag, während der Nacht die in der Nähe befindliche Tuchbleiche zu hüten. Dabei sah er einmal jemanden in der Dunkelheit hereinschleichen und um die Leinwand herumspazieren. Der Mann rief dem Besucher etwas zu. Da er aber keine Antwort erhielt, verfolgte er ihn bis an die Tür. Als er nun hier den vermeintlichen Dieb eben am Hals fassen wollte, zerfloss derselbe in Dunst. Nun erst bemerkte der alte Mann, dass er vom Kiddelsmehnchen geneckt worden war.

~~~

Wenn die Pförtnersleute abends ruhig in der Stube saßen und die Kinder schon zu Bett waren, verursachte der Kobold in den Gängen und Treppen ein solches Getrappel, Gepolter und Kindergeschrei, als ob Gänge und Treppen mit Pferden und Eseln angefüllt wären und die erschrockenen Kinder um Hilfe schrien.
~~~

Wenn man aber draußen nachsah und die Kinder beruhigen wollte, fand man alles ruhig und vom Spuk nicht die geringste Spur. Nicht selten ließ sich das Kiddelsmehnchen in Gestalt eines Fasses vom Dach des Abteigebäudes fallen. Wenn dann alles zusammenlief, um nach der Ursache des furchtbaren Gepolters zu sehen, fand man – gar nichts.

»Bä, bä, bä!«

Riesige Gestalten bei Remich

Eines Tages gingen zwei Fischer von der Untermosel nach Remich. Als sie dem Salzborn gegenüber angelangt waren, sahen sie plötzlich aus dem nahen Wald einen riesenhaften Mann daherkommen, der eine schwarze Mütze auf dem Kopf trug. Er kam bis an das Moselufer und rief:

»Bä, bä, bä!«

Der eine Fischer glaubte, er habe ihn etwas gefragt, und antwortete:

»Hem!«

Der Unbekannte aber drehte sich um und schritt wieder in den Wald, ohne dass die Fischer ihn gehen hörten.

~~~

Vier Männer aus Remich waren zum Almer Bach gegangen, um Holz zu sammeln. Mit einem Mal hörten sie plötzlich ein furchtbares Geschrei, wobei sich die Spitzen der Tannen fast bis zur Erde neigten. Sie schauten um sich und sahen einen ungeheuer großen Mann. Drei der Männer stoben in aller Eile nach Hause. Der vierte wollte über den Almer Bach setzen – aber anstatt eines Bachs sah er nun einen Fluss vor sich.

Nur mit Mühe kam er hinüber. Doch da kurz danach alles still geworden und die riesige Gestalt verschwunden war, kehrte der Mann nach einer Weile beherzt zum Almer Bach zurück – doch siehe da: Der war ausgetrocknet. Der Mann hätte geglaubt, von einem Fluss geträumt zu haben, wenn seine nassen Stiefel ihn nicht vom Gegenteil überzeugt hätten.

~~~

Einst ging eine Frau zu Remich in die Lehmkaul, um Reisig zu sammeln. Plötzlich hörte sie einen durchdringenden Schrei und als sie umschaute, gewahrte sie eine riesige Jungfrau, die einen Strohhut trug. Mit einem einzigen Schritt setzte dieselbe über die Lehmkaul weg und war auch schon wieder verschwunden.

Vielleicht wollte er nur ein paar Kartoffeln

Der riesige Mann zwischen Grevenmacher und Flaxweiler

Eines Nachts saßen vier Männer, die ihre Pferde weideten, in der Scheiweswies zwischen Grevenmacher und Flaxweiler um ein Feuer und brieten Kartoffeln. Plötzlich wurden die weidenden Pferde unruhig und stürmten in vollem Galopp in den nahen Wald hinein. Als die Männer verwundert die Ursache der wilden Flucht untersuchten, bemerkten sie neben sich einen riesigen Mann stehen. Er war in einen weiten, zugeknöpften Mantel gehüllt, trug einen Schlapphut auf dem Kopf und ein dickes, schwarzes Register unter dem Arm.

Stillschweigend schaute der Fremde in das knisternde Feuer. Keiner von den vieren wagte es, auch nur ein Wort zu sprechen. Doch bald zog sich der Unheimliche zurück und das geschah genauso still, wie er gekommen war. Seine Gestalt wurde immer riesiger und gewaltiger – bis er endlich wie ein Nebel vor ihren Augen entschwand.

8.
Sagen und Legenden von Geistern, Gespenstern und anderen Gesellen

Im Dunstkreis der Hölle

Der Brunnengeist bei Dalheim

Zwischen Dalheim und Waldbredimus befand sich vor vielen Jahrhunderten das Schloss Gondelingen. Es ist heute fast spurlos verschwunden. Im Wald zwischen den beiden Gemeinden entspringt ein Brunnen, bekannt unter dem Namen Schwefelbrunnen. Viele behaupten, es sei nicht geheuer an dieser Stelle. Noch heute sollen sich manche Leute bekreuzigen, wenn sie vorbeigehen – denn in diesem Brunnen soll ein Geist hausen.

Eines Tages gingen an einem Sommernachmittag mehrere Frauen dort Kraut und Blätter suchen. Sie hatten das Kraut beiseite auf einen Haufen gelegt, aber plötzlich wurde das Kraut von unsichtbarer Hand auseinander geworfen, sodass nicht ein Halm beim anderen blieb.

~~~

Vom Brunnen aus ging ein langer, unterirdischer Kanal zum Schloss hinab. Von diesem Kanal sollen noch heute Spuren vorhanden sein. Im Schloss befand sich eine Kammer, die man die grüne Kammer nannte. Die Schlossbewohner fürchteten sich vor dieser grünen Kammer sehr, denn sie sagten, der Brunnengeist halte sich nachts dort auf.

Manche Leute behaupten, dort eine hagere, schlanke Frau gesehen zu haben. Diese Frau, so heißt es, habe schon viele Leute in den reißenden Waldbach geschleudert, der damals unten am Fuß des Schlosses vorbeifloss.

Andere wiederum behaupten, sie auf dem gegenüberliegenden Berg gesehen zu haben. Dieser Berg nennt sich der Hurenstein. Dort stand eine große, mächtige Buche, genannt der Disson, wo sie nachts von zwölf bis ein Uhr mit einem Ritter focht und – von diesem offenbar stets im Kampf überwunden – einen hellen, markdurchdringenden Schrei ausstieß und zum Schloss hinabeilte. Aber wehe dem, der ihr dann unterwegs begegnete!

Beim Kreuz am Fuß des Schlosses angekommen, änderte sie plötzlich die Richtung und verschwand in dem unterirdischen Kanal, der – ungefähr eine halbe Stunde Weg lang – bis zum Schwefelbrunnen führte.

~~~

Der Urgroßvater eines Mannes aus Dalheim erzählte hierüber wie folgt:

»In einer Septembernacht ging ich, wie es damals Brauch war, Birnen sammeln und war der Meinung, der Tag werde bald anbrechen. Beim Neudörfchen-Kreuz sah ich plötzlich eine schlanke, weiße Frauengestalt vor mir gehen. Ich hielt sie für Jeannette, die auch Birnen sammeln wollte, und eilte – aber obwohl sie nur sehr langsam zu gehen schien, kam ich partout nicht näher. Also bog ich quer übers Feld ab, zu mehreren riesengroßen Birnbäumen. Aber obgleich der Wind stark wehte, vermochte ich nicht eine einzige Birne zu finden. Ich schlug die erste Richtung wieder ein. Da sah ich Jeannette am Fußpfad stehen, der am Saum des Waldes vorbeiführt – ruhig und still, als ob sie mich beobachten wolle.

An dem Bergrücken, genannt die Ho, angelangt, hörte ich durch den Wind die Birnen herabfallen, sie fielen mir sogar auf den Kopf – aber finden konnte ich keine. Da hörte ich die Turmuhr von Dalheim Mitternacht schlagen. Ich kehrte zurück und sah wiederum die Frau, noch immer am Saum des Waldes. Plötzlich stieß sie einen hellen Schrei aus.

Zu Hause angekommen, hörte ich von meiner Familie, dass das nicht Jeannette, sondern ein Geist sei, der sich nachts dort sehen ließ. Da beschloss ich zurückzukehren, verrichtete ein Gebet, besprengte mich mit Weihwasser, steckte einiges Gesegnetes zu mir und verließ das Haus. Furcht kannte ich nicht, denn im Krieg hatte ich dem Tod schon oft ins Auge geschaut und – da ich jenen mächtigen Geisterspruch kannte, der alle Geister Rede stehen tut – so wollte ich dem Geiste zu Leibe rücken.

Aber ich fand ihn nicht mehr an der vorigen Stelle.

Schon begann es zu tagen, als ich plötzlich ein leises Wimmern vernahm. Dann gab es einen so furchtbaren Knall, dass ich meinte, der ganze Wald sei auf einen Haufen gefallen. Das Geräusch wurde noch furchtbarer. Ich stand nun in einem Meer von Flammen. Schlag auf Schlag erfolgte und die Erde begann, nachzugeben. Ich hielt die Hände über den Kopf und brach zusammen.

Als ich wieder zu mir kam, befand ich mich unten am Schwefelberg. Wie ich dort hinab gekommen war, weiß ich nicht mehr. Plötzlich sah ich die weiße Gestalt wieder vorüber schweben. Sie war schnell wie ein Pfeil, wie auf Flügeln getragen und flog durch die Luft bis zum Schwefelbrunnen, wo sie unter häufigen Klagetönen meinen Augen entschwand. Ich kletterte den Hügel wieder hinauf – und oben sah ich den

Erdboden nicht mehr wegen der Unmenge von Birnen, die ihn bedeckten. Äste, ja sogar ganze Bäume lagen dort, zusammengebrochen. Zu Hause wurde ich mit Fragen bestürmt, aber ich schwieg.«

~~~

Ein anderer Mann aus Dalheim erzählte, er sei an einem Sonntagnachmittag längs dem damals sogenannten Judenfelsen hin bis zum alten Berg und von da hinab ins Höllental gegangen, das eine Stunde von Dalheim entfernt liegt. Das Rollen des Donners aber habe ihn zur Rückkehr bewogen.

Es wurde immer finsterer, so finster, dass er den schmalen Fußpfad nicht mehr sah. Er geriet in der Dunkelheit in ein Labyrinth aus Dornen und Gestrüpp. Er hörte deutlich das Rollen eines Wagens. Der Mann rief laut, aber nur das Echo antwortete. Da gewahrte er einen hellen Streifen und in weiter Ferne ein Licht daher wandeln. Er ging geradewegs auf das Licht zu. Neben sich hörte der Mann das Wasser rauschen. Plötzlich begann der Boden nachzugeben und er versank bis an die Hüften in Schlamm und Wasser. Das Licht verschwand in der Luft – unter schallendem Gelächter.

Während der Donner wieder fürchterlich grollte und die Blitze zuckten, arbeitete sich der Mann aus dem Sumpf. Beim Schein eines Blitzes erkannte er, dass er sich in einem der alten Weiher befand, welche ehemals der Herrschaft Gondelingen angehörten. Dort mündete das Wasser des Schwefelbrunnens und bildete große Sümpfe.

Plötzlich sah der Mann den Brunnengeist in hellem Lichtschein wie aus der Erde emporsteigen, am jenseitigen Ufer des alten Weihers schwebend, die Luft unter häufigen Klagetönen nach allen Richtungen durchziehend. Bald erhob sich ein heftiger Wirbelwind, der alle Bäume auf den Mann zu schleudern drohte.

In seiner Angst lief er los, ohne zu wissen wohin, und geriet in den Schleidbach, der von dem schweren Gewitter sehr angeschwollen war. Die Wellen schleuderten ihn von einer Seite zur anderen, doch arbeitete er sich auch hier unter großer Mühe heraus. Die schaurige Gestalt verlor sich dann am Hurenstein, dem gegenüberliegenden Berg. Die Klagetöne klangen aber noch immer in seinen Ohren, als der Mann, blutend und mit Wunden bedeckt, bei der Schleidmühle ankam. So irrt dieser Geist offenbar noch lange – vielleicht sogar bis zum heutigen Tag – umher und findet weder Rast noch Ruhe.

~~~

Zu erwähnen ist, dass bei der Zerstörung des Schlosses unter der grünen Kammer in einem tiefen Verlies fünf Menschengerippe aufgefunden wurden.

~~~

Die älteste Urkunde der verschwundenen Siedlung Gondelingen ist aus dem Jahr 1462.

~~~

Im »roude Wé«, einem Flurteil zwischen Waldbredimus und Gondelingen, geistere der Reiter ohne Kopf. Nacht für Nacht galoppiere er durch diesen Feldweg. Kurz nach zwölf Uhr sei die Erscheinung jedes Mal wieder verschwunden.

~~~

Zu der Zeit, in welcher das Schloss schon nicht mehr bewohnt war, sah der Inhaber der Gondelinger Mühle eines Abends alle Räume des Schlosses hell erleuchtet. Er schickte die Magd hin, um nach der Ursache dieses ungewohnten Vorfalls zu forschen. Kaum aber hatte das Mädchen die Schlosstür geöffnet, glotzte ihm von der obersten Treppenstufe des Aufgangs ein riesiger Hund entgegen. Die Magd kehrte sofort um, denn sie erinnerte sich an die Redensart: »Allem, was dir nachts begegnet, lass' in Ruh, sonst könntest du Schläge abbekommen!«

Gutheit ist immer ein Stück Dummheit I

Das Steipmännchen bei Ehnen

Vor langer Zeit hauste bei Ehnen ein schlimmer Geist: das Steipmännchen: Er neckte besonders die Schiffer häufig und spielte ihnen böse Streiche. Wenn das Steipmännchen in stürmischen Nächten im halben Kahn das Ehnener Wehr hinauffuhr, so machte es im Wasser mit Ruder und Stange ein großes Geplätscher und man hörte es immer wieder und wieder rufen:

»Hilfe, Hilfe! Sonst geh' ich zu Grunde!«

Kam dann ein mitleidiger Schiffer, nichts Böses ahnend, mit seinem Nachen bis zur gefährlichen Stelle gefahren, fand er keinen Hilfsbedürftigen, sondern hörte auch noch, wie das Steipmännchen in die Hände klatschte und vom felsigen Ufer aus über
~~~

ihn lachte. Zürnte und fluchte dann der Schiffer, so warf der Geist dessen Nachen um. Nun musste seine Gutheit mit einem kühlen Bad bezahlen und hatte zum Spott auch den Schaden.

~~~

Oft rief das Steipmännchen bei Nacht von der jenseitigen Fährstelle:

»Hol über!«

War dann ein Schiffer dort angelangt, um den vermeintlichen Reisenden aufzunehmen, empfing ihn von fern ein spöttisches Gelächter und Gekicher. Wenn dann der Schiffer, unmutig über die gestörte Ruhe, nach Hause zurückfuhr, so hörte er den neckischen Geist im nahen Walde »Braas!« oder auch bald wieder sein langgezogenes »Huol îwer!« rufen.

~~~

Vor vielen Jahren hörte man eines Nachts in der Geisterstunde einen Schiffer in der Mosel, der von Wormeldingen bis an die Statue des Heiligen Nikolaus gelangte. Weiter kam er nicht hinauf. Hier angekommen, wandte sich der Kahn plötzlich wieder und – sssst! – ging es wieder stromabwärts. Der arme Schiffer kam ein zweites, dann ein drittes Mal und so setzte er seine Wasserfahrt fort, bis die Geisterstunde endlich um war.

~~~

Kein Mensch hatte je das Steipemännchen, wie das Volk es nannte, gesehen. Allerdings hatten vielen es gehört.

Gutheit ist immer ein Stück Dummheit II

Steipmännchen in der Sempchen bei Wormeldingen

Ein Mann, der sich eines Abends auf dem Weg von Ahn nach Wormeldingen befand, sah in der sogenannten »Sempchen«, wie ein knöchernes, zusammengeschrumpftes Männchen einen Kahn mit größter Mühe gegen das Wasser weiterzuschieben suchte. Der Mann bedauerte den armen Wicht. Er ging deshalb hinab ans Ufer und rief ihm zu:
~~~

»Alterchen, werft mir ein Seil, ich helfe Euch ziehen bis nach Wormeldingen!«

Doch seine Gutmütigkeit sollte ihm übel bekommen. Statt des Seils gab das hinterlistige Steipmännchen – das den Wanderer bewusst herbeigelockt hatte – diesem mit dem Ruder einen so wuchtigen Schlag, dass der Getroffene betäubt ins Gras niedertaumelte.

Geisterstunde in der kleinen Maas

Der Moselgeist zwischen Grevenmacher und Wasserbillig

An dem Ort »ob em Meilesteen«, eine Viertelstunde oberhalb von Mertert, vernahmen nachts fischende Fischer in der Mosel ein Geplätscher, als ob ein paar tausend Karpfen dort mit ihren Schwänzen das Wasser peitschten. Das war der Moselgeist.

Das Geplätscher trieb stromabwärts bis nach Mertert und noch weiter, bei Wasserbillig aber soll es am Ort »in der Moselstadt« plötzlich verstummt sein, denn: Früher soll dort eine große Stadt, Moselstadt genannt, gestanden haben.

~~~

Andere Fischer wollen an der Stelle »ob em Meilesteen« nachts einen unbekannten Schiffer gesehen haben, der in seinem Nachen quer die Mosel hinausfuhr und dann urplötzlich im Wasser verschwand.

Gespenster – oder doch nur guter Schwarzgebrannter?

Die Gespenster in der Schliérbech

Vor vielen, vielen Jahren soll es »an der Schliérbech« bei Esch an der Sauer nicht recht geheuer gewesen sein. Alte Leute erzählen, sie seien nie in der Nacht dort vorbeigekommen, ohne irgendeine grausige Erscheinung gehabt zu haben.

Einst ritt ein Mann von Wiltz aus in stockfinsterer Nacht auf seinem Pferd. Noch ehe er zu der gefährlichen Stelle kam, wurde es ihm angst und bange und er wünschte
~~~

sich nach Hause. Als er die unheimliche Stelle erreicht hatte, sah er auf einmal dicht an der Straße eine Menge hell brennender Lichter, die sich immer vor ihm her bewegten. Dem Mann wurde es nun sehr wunderlich zumute – er wollte jedoch unbedingt weiter.

Plötzlich sah er auf der rechten Seite der Straße ein in einen Schieferfelsen eingehauenes Kreuz. Das war nun nichts Auffallendes, denn das Kreuz war vor Jahren von einem Maurer dort hineingemeißelt worden. Es diente zum Andenken an einen beim Bau der Landstraße dort umgekommenen Arbeiter.

Obschon der Mann das Kreuz schon hunderte von Malen gesehen hatte, kam es ihm dennoch heute ganz anders vor als sonst. Er meinte nämlich, dasselbe sehe diese Nacht ganz weiß aus, was in der Dunkelheit kein angenehmer Anblick war. Er geriet vollends in Schrecken, als er dicht bei dem Kreuz eine unheimliche Katze bemerkte, welche den Reiter mit funkelnden Augen anblickte – und er saß auf seinem Pferd »wie auf Dornen«.

Auf der einen Seite die funkelnden Lichter, auf der anderen das leuchtende Kreuz und die unheimliche Katze. Genug, um einen mutigen Mann in Angst und Schrecken zu versetzen. Was sollte er tun? Umkehren konnte er nicht, denn es war weit und breit kein Haus, wo er hätte einkehren können – und dann hätte er doch den Gespenstern nicht entrinnen können, wenn sie etwas Böses gegen ihn im Schilde geführt hätten.

Er fasste Mut, drückte die Augen fest zu und trabte dann – nicht ohne Herzklopfen – mit seinem Braunen mitten durch die Gespenster hindurch. Als er dieselben einmal hinter sich hatte, ließ er seinen Gaul die Peitsche fühlen und war bald zu Hause angelangt. Dort angekommen, fiel er sogleich in Ohnmacht.

»Buh!«
Spuk zwischen Goesdorf und Bockholz

Früher war es zwischen Bockholz und Goesdorf nicht geheuer. Ein Mann sah einst nachts in einem halben Meter Höhe in der Luft ein weißes Leintuch schweben, das sich auf eine gewisse Strecke vor ihm her bewegte, bis es plötzlich zur Seite verschwand.

~~~
~~~

Ein anderer hörte an der gefürchteten Stelle um Mitternacht ein schreckliches Geschrei.

~~~

Ein dritter sah nächtlich viele flackernde Lichter, die eine gute Strecke vor ihm hergingen und dann plötzlich verschwanden. Bald war es ein großer, bald ein kleiner Hund, bald eine Katze, die an der gefürchteten Stelle dem nächtlichen Wanderer erschienen, eine Zeitlang hinter oder neben ihm herliefen – und dann plötzlich zur Seite verschwanden.

Eine ungewöhnliche Beerdigung

Die Leiche zu Remich

Eines Tages kam eine Frau, die »krauten« ging, zum Netzpfuhl bei Remich. Da bemerkte sie plötzlich eine schöne Beleuchtung. Sie schaute genauer hin und erblickte inmitten von brennenden Kerzen eine Leiche. Die Frau ergriff schnell die Flucht.

~~~

Ein anderes Mal ging ein Mann »Holz machen«. Er kam ebenfalls zum Netzpfuhl und sah eine Leiche auf einer Tragbahre. Zu Kopf und zu Füßen derselben standen je zwei brennende Kerzen. Nach wenigen Augenblicken war jedoch alles wieder verschwunden.

Morgenstund' hat Schreck im Mund

Der rote Mann im Merscher Wald

Vor vielen Jahren ging ein Maurer an einem Herbstmorgen – es mochte ungefähr vier Uhr gewesen sein – von Kehlen nach Hühnerhof bei Mersch an seine Arbeit. Um dahin zu gelangen, musste er durch Keispelt gehen und sein Weg führte ihn an der alten Klause (»ob der Kleischen« genannt) unterhalb Keispelt vorbei.

Dort angekommen, vernahm er vom Merscher Wald her Axtschläge – und in der Meinung, es seien Holzhacker mit dem Fällen der Bäume beschäftigt, ging er voran. Bald verließ er den Gemeindeweg und schlug einen Pfad durch den Wald ein. Die Schläge wurden immer stärker, schienen sich jedoch zu seiner Linken zu verlieren. Das dünkte dem beherzten Manne seltsam und es wurde ihm unheimlich zumute.

Er verfolgte dennoch seinen Weg und hatte eben das sogenannte Gründchen erreicht, das sich fast mitten im Wald befand. An dieser Stelle stand ein Kreuz, von etwas Gesträuch und einigen jungen Bäumen umgeben. Der Mann zog ehrfurchtsvoll die Mütze und im selben Augenblick vernahm er aus dem Gesträuch her ein seltsames Rasseln und Knarren.

Nun voller Angst eilte er voran, um so schnell wie möglich aus dem Wald zu kommen. An einer Stelle angelangt, wo der Pfad enger wurde und bergab ging, sah er eine mächtige Gestalt von unten heraufkommen. Sie war in einen weiten, bis auf die Füße reichenden, blutroten Mantel gehüllt. Auf dem Kopf trug sie einen ebenfalls roten Hut und in der Rechten eine weiße Stange.

Bei diesem Anblick begann der arme Mann, an allen Gliedern zu zittern, und ein eiskalter Schauer überlief ihn. Der Pfad war sehr schmal und zu beiden Seiten waren Erhöhungen. Er konnte nicht ausweichen. Als der Rote dicht an ihn herangekommen war, grüßte der Maurer voller Angst höflich. Der andere aber antwortete nicht, sondern machte eine Miene, als wolle er den Mann an der Fortsetzung seines Weges hindern.

Dieser war vor Schrecken fast ohnmächtig geworden. Er fasste sich aber bald wieder, tat einen Sprung – und war an dem Ungeheuer vorüber. Nun lief er, was er konnte, bis er endlich das Ende des Waldes erreicht hatte und in Sicherheit war.

Von heilig zu unheilig

Gespenst zwischen Manternach und Lellig

Zwischen Manternach und Lellig liegt ein Ort, genannt Helgenheischen (Heiligenhäuschen). Vor vielen Jahrhunderten soll dort eine Kapelle gestanden haben. Später war der Ort als unheimlich verrufen.

Einst kam dort um Mitternacht ein Mann aus Manternach des Weges. Plötzlich glaubte er, einen gespenstischen Mann hinter sich her huschen zu sehen. Es schien, als drohte er jeden Augenblick, ihn an den Schultern zu fassen. Er begann zu laufen, der Geist aber war immer dicht hinter ihm. Leichenblass gelangte er bei den Seinen an.

~~~

An der genannten Stelle verunglückte einst eine Person. Man hat hölzerne, eiserne und steinerne Kreuze dort errichtet – aber keines will stehen bleiben.

Der Geistergesundheitsminister warnt: Rauchen ist gefährlich

Das Fusselicher Männchen bei Schwebsingen

In Fusselich, zwischen Schwebsingen und Bech gelegen, ging in später Nachtstunde ein Geist um, der allen nächtlichen Wanderern Angst und Schrecken einjagte. Vor vielen Jahren kam ein Mann dieses Wegs. In Fusselich angekommen, wurde er von einer hageren Gestalt überrascht. Dieselbe hängte sich dem Mann auf den Rücken und ließ sich von ihm tragen. In Schweiß gebadet, musste der Wanderer sich nach einiger Zeit hinsetzen. Da war der Geist plötzlich abgesprungen und verschwunden.

~~~

Vor gut zweihundert Jahren kam spät am Abend ein Mann an derselben Stelle vorbei. Er rauchte gemütlich seine Pfeife. Plötzlich sauste eine Gestalt an ihm vorüber und schlug ihm die Pfeife aus dem Mund. Voll Schrecken eilte der Mann nach Hause. Am nächsten Morgen fand er in Fusselich weder Pfeife noch Deckel wieder.

Mal vom Geistergeschäft ausruhen und sich die Beine vertreten

Geist zu Bauschleiden

Zu Bauschleiden kam abends ein Geist ins Wiselesch-Haus. Er stieg zum Stubenfenster herein, ging dreimal im Zimmer auf und ab und entfernte sich dann wieder. Nur der Sohn des Hauses konnte ihn sehen. Schwester und Schwager haben ihn nie gesehen, wohl aber am Geräusch erkannt, dass jemand im Zimmer auf und ab ging.

Geistermann wird Geisterhund

Der weiße Mann zu Rodingen

Dicht am Weg unter dem sogenannten Klopperwald bei Rodingen stand in einer Hecke ein Stein, auf dem ein Kreuz eingehauen war. Dieser Stein hat eine Geschichte, denn vor vielen Jahren ging hier ein Geist in Gestalt eines weißen Mannes um. Viele Einwohner des Dorfs behaupteten, ihn gesehen zu haben. Der Geist hatte keinem ein Leid zugefügt – aber dann:

Eines Nachts gelangten zwei Arbeiter an diese Stelle. Der eine verließ seinen Kameraden, um in Richtung Belgien zu gehen. Dann hörte er bald Hilferufe sowie lautes Ächzen und Wimmern. Daraufhin war alles still. Aus Furcht vor dem weißen Mann wagte der Arbeiter nicht, seinem Gefährten zu Hilfe zu eilen.

Am nächsten Morgen fand man von dem Unglücklichen nichts als die Knochen und die zerfetzten Kleider. Der weiße Mann hatte ihn zerrissen. Zum Andenken an dieses Ereignis errichtete man an der Unglücksstätte jenen einfachen Stein mit dem eingehauenen Kreuz.

~~~

Seit jener Zeit jedoch wurde der weiße Mann nicht mehr gesehen – wohl aber ein kleiner, schwarzer Hund. Viele Einwohner Rodingens haben ihn gesehen, besonders jene Frauen, die frühmorgens nach Longwy zum Wochenmarkt gingen. Sie hatten sich an-
~~~

gewöhnt, immer zusammen und sich bekreuzigend an dieser unheimlichen Stelle vorüber zu eilen. Jedes Mal erschien das Hündchen, lief vor ihnen her, blieb zuweilen stehen, lief wieder vorwärts und verschwand endlich im Wald.

Schwerelose sind meistens Nieten

Das Mühlenmännchen bei Biwisch

Auf der Biwischer Mühle, die an der Woltz gelegen ist, ging eine Zeitlang jeden Abend ein kleines Männchen um. Man nannte es – nach dem kleinen Schatten, den es geworfen haben soll – das Millemännchen. Dieser Geist kehrte jeden Abend das Wasser ab und die Mühle blieb stehen. Alsdann ließ sich ein unheimliches Geräusch im ganzen Gebäude vernehmen:

Die Säcke fuhren durcheinander, das Küchengeschirr zitterte und auf dem Speicher konnte man sehen, wie alles – Korn, Hafer und Erbsen – gleich dem Staub in der Luft umher schwebte. Der Müller, der ganz allein in der Mühle lebte, war deshalb genötigt, abends die Mühle zu verlassen.

Literatur- und Quellenverzeichnis

Antz, August
Rheinlands Heldensage: eine Fahrt durchs Land der Mönche, Ritter und Schelme – für Jugend und Volk neu erzählt
Wittlich 1930

Antz, August
Rheinlandsagen – für Jugend und Volk neu erzählt
Wittlich 1950

Bechstein, Ludwig
Deutsches Sagenbuch
Meersburg und Leipzig 1930

Bertholet, Jean
Histoire ecclésiastique et civile du duché de Luxembourg et comté de Chiny, 4 parties en 8 tomes
Luxemburg 1741–1743

Collin de Plancy, Jacques Albin Simon
Quelques scènes du Moyen Âge. Légendes et récits
Paris 1853

Gredt, Nikolaus
Sagenschatz des Luxemburger Landes
Luxemburg 1883

Grimm, Jacob und Wilhelm
Deutsche Sagen – Vollständige Ausgabe: mit den Illustrationen von Otto Ubbelohde
Köln 2014

Laven, Philipp
Trier und seine Umgebungen in Sagen und Liedern – mit Bemerkungen über die Quellen dieser Sagen
Trier 1851

L'Évêque de la Basse-Moûturie, Louis
Itinéraire du Luxembourg germanique, ou Voyage historique et pittoresque dans le Grand-Duché
Luxembourg 1844

Panzer, Friedrich
Beitrag zur deutschen Mythologie
München 1848, 1855

Prott, J.
Luxemburger Marienkalender
Jahrgang 1880

Reiners, Adam
Echternacher Volkssagen
Echternach 1880

Steffen, Nikolaus
Mährchen und Sagen des Luxemburger Landes
Luxemburg 1853

Uhland, Ludwig
Uhlands Schriften zur Geschichte der Dichtung und Sage. Sechster Band
Stuttgart 1868

Zaunert, Paul (Hrsg.)
Rheinland-Sagen
Jena 1924